T0246222

Phakchok Rimpoché
y Sophie Wu

DIGNIDAD
Guía para una vida plena

Prólogo de Daniel Goleman
y Tara Bennett-Goleman

Traducción de
Juan Manuel Cincunegui

editorial Kairós

© Título original: AWAKENING DIGNITY
A Guide to Living a Life of Deep Fulfillment

© 2022 Phakchok Rinpoche y Shu-chin Wu
Publicado por acuerdo con Shambhala Publications Inc.

© de la edición en castellano:
2024 by Editorial Kairós, S. A.
www.editorialkairos.com

© traducción del inglés al castellano de Juan Manuel Cincunegui
Revisión: Raúl Alonso

Fotocomposición: Grafime, 08014 Barcelona
Diseño cubierta: Editorial Kairós
Imagen cubierta: David Stubbs Photography + Motion
Impresión y encuadernación: Índice. 08040 Barcelona

Primera edición: Enero 2024
ISBN: 978-84-1121-230-4
Depósito legal: B 21.137-2023

Sumario

Prólogo

Cuando llegamos a casa de Nyoshul Khen Rimpoché y su esposa, Damchola, en Bután, con el fin de pasar una semana, nuestros anfitriones compartieron con nosotros su alegría con su último huésped, quien también había estado estudiando con Rimpoché y se marchaba justo antes de que llegáramos.

Su nombre: Phakchok Rimpoché.

Desde su infancia, Phakchok Rimpoché recibió enseñanzas de grandes maestros tibetanos, empezando por su abuelo Tulku Urgyen Rimpoché, uno de los maestros de meditación dzogchen más venerados, que abandonó el Tíbet para trasladarse a Nepal cuando su país fue invadido. Nyoshul Khen Rimpoché también se contaba entre ese venerado grupo de grandes maestros espirituales, tanto por su realización interior como por su pericia académica.

Phakchok se tomó muy a pecho las enseñanzas, tanto de Nyoshul Khen Rimpoché como de Tulku Urgyen Rimpoché, practicándolas en su vida diaria, en acciones compasivas, en retiros y en sus propias enseñanzas y estudios. Estudió principalmente una *shedra* tradicional, un curso intensivo de inmersión textual que lleva muchos años completarse. Rimpoché obtuvo el equivalente tibetano a un doctorado.

Y lo que es aún más significativo, gracias a los años que pasó en retiro, Phakchok Rimpoché ha conseguido más que un conocimiento intelectual de las enseñanzas: ha llegado a encarnarlas. Al igual que otros miembros de su ilustre familia de Rimpochés, su propio ser irradia sabiduría, compasión y dignidad.

Conocemos a Phakchok Rimpoché desde su juventud –lo conocimos cuando viajamos a Nepal para estudiar con su abuelo Tulku Urgyen Rimpoché– y siempre nos ha parecido más sabio de lo esperado a su edad. Actualmente, se ha convertido en un maestro destacado para el mundo, ofreciendo las enseñanzas de la sabiduría tradicional de una forma fresca y original, accesible para todo el mundo, no solo para los practicantes de la tradición tibetana.

En este libro, Phakchok Rimpoché, con la ayuda diestra de su alumna y consumada compañera de escritura Sophie Wu, comparte sus ideas profundas sobre la «dignidad», una confianza estable en nuestra verdadera naturaleza. Incluso cuando transformamos las deficiencias que emergen en nuestras vidas, nos dice, podemos volvernos hacia nuestra verdadera naturaleza, como si viéramos el cielo despejado tras las nubes.

A principio de la pandemia de Covid-19, cuando gran parte del mundo se encontraba en estado de bloqueo, Phakchok Rimpoché se trasladó a una cueva sagrada de Nepal para realizar un extenso retiro. Nos conmovió que pidiera a un asistente que se pusiera en contacto con nosotros para asegurarse de que estuviéramos bien. Su corazón cálido y afectuoso, junto con una sabiduría superior a la de su edad, hacen de Phakchok Rimpoché un maestro inspirador para estos tiempos.

Phakchok Rimpoché es un ejemplo vida de lo que enseña,

modelando para todos nosotros su sabiduría natural. Su confiada dignidad resplandece, incluso cuando reconoce sus propios retos y muestra cómo toma conciencia del trabajo interior de transformación. Esta apertura, combinada con su refrescante franqueza y humor, hace que lo que enseña sea aún más cercano a nuestras propias vidas.

Rimpoché tiene una sensibilidad inusual cuando se trata de autores occidentales (quizá ayudado por su sabia esposa, Norbu, que creció en una eminente familia tibetana tradicional en los suburbios de Washington, D. C.). En repetidas ocasiones ha sido extraordinariamente hábil a la hora de transmitir las enseñanzas a sus alumnos en función de sus necesidades.

Dignidad nos ofrece a todos una guía poderosa, clara y amable, un camino hacia nuestra verdadera naturaleza, a través de enseñanzas y prácticas que nos ayudan a ver lo que oscurece nuestra conciencia pura.

DANIEL GOLEMAN y TARA BENNETT-GOLEMAN

Dignidad

Introducción

Un día de otoño en Katmandú, cerca de la famosa estupa de Boudhanath, con unos amigos desayunábamos tortillas nepalíes con masala y chai caliente. En un momento dado, la conversación giró en torno a lo profundamente curativas y positivamente transformadoras que habían sido para nosotros y muchos de nuestros amigos las enseñanzas de Phakchok Rimpoché sobre la dignidad. Sugerí hacer un trabajo rápido, recopilando algunas de las charlas de Rimpoché sobre el tema en un pequeño libro. «Sería rápido y fácil», dije. Eso creía. Esa idea inicial fue la génesis de lo que, con el tiempo, se convertiría en el presente libro. Le propuse la idea a Rimpoché. Le gustó. Me puse manos a la obra. Eso fue en 2016.

Rápidamente, el proyecto cobró vida propia, expandiéndose mucho más allá de la concepción original, hasta alcanzar la forma actual. Me di cuenta de que las enseñanzas de Rimpoché sobre la dignidad no se limitaban a las pocas charlas en las que se dedicó a ello como tema principal. De hecho, la noción de dignidad está presente, explícita o tácitamente, en todo el amplio espectro de enseñanzas de Rimpoché. Por lo tanto, en lugar de limitarme a recopilar unas pocas charlas, como pretendía en un principio, me encontré examinando un corpus mucho mayor de enseñanzas, que se extiende a lo largo de un período de quince años. Ampliar de ese modo el material de partida me permitió situar el tema de la dignidad en el contexto más amplio de las enseñanzas generales tal como las presenta Rimpoché.

También traté de situar el tema de la dignidad dentro de sus significados históricos y su uso habitual. La dignidad no es una idea nueva: es un tema perenne en la cultura occidental, que ha fascinado a los filósofos e informado los debates políticos y éticos durante milenios. Sin embargo, el significado exacto de la dignidad sigue sin aclararse. Durante muchos meses, investigué y leí sobre la dignidad en un amplio abanico de pensadores, incluidos maestros budistas, filósofos occidentales, teólogos, abogados, psicólogos y activistas sociales. Después comenté mis conclusiones con Rimpoché. Aunque la mayor parte de esta investigación no aparece explícitamente en el libro, Rimpoché me permitió utilizar estas perspectivas e ideas para contextualizar sus enseñanzas en un marco más amplio y comprensible para el público global contemporáneo.

Nos reunimos con Rimpoché en varias ocasiones a lo largo de cinco años en distintas partes de Estados Unidos y Asia, y a través de Zoom, para hablar del libro, aportar ideas, formular estrategias de presentación y, más tarde, finalizar el manuscrito. Durante el mismo período de tiempo, Rimpoché impartió enseñanzas más extensas sobre la dignidad en Singapur, Nepal, el Reino Unido, Austria, Alemania y en diversos lugares de los Estados Unidos, enseñanzas que resultaron muy valiosas para el proyecto.

Phakchok Rimpoché nació en 1981 en Katmandú, Nepal, en el seno de una familia de famosos maestros budistas tibetanos, entre ellos su padre, abuelo y tíos. A la edad de un año, fue reconocido como el séptimo Phakchok Rimpoché, la reencarnación del Phakchok Rimpoché anterior y titular del linaje Taklung kagyu de la tradición budista tibetana. Fue entronizado a los seis años. Rimpoché ha estudiado con muchos maestros espirituales consumados, entre los que destacan Tulku Urgyen Rimpoché (su abuelo) y Nyoshul Khen Rimpoché. A la edad de veintidós años, después de una formación extensa y formal en todos los aspectos de la filosofía y la práctica tibetanas, Rimpoché recibió el título de *Khenpo* (comparable con un doctorado en filosofía budista) del Instituto Dzongsar de Estudios Budistas Avanzados de Bir, la India. Posteriormente, Rimpoché comenzó a viajar activamente por el mundo enseñando filosofía, teoría y prácticas budistas.

A caballo entre dos mundos, Rimpoché creció en una familia y una cultura tibetanas tradicionales, mientras que (a diferencia de los maestros tibetanos de las generaciones previas) también disfruta de un amplio contacto con personas de todo el mundo. Está sumamente interesado en conocer las dificultades, preocupaciones y luchas a las que se enfrentan las personas de la cultura global contemporánea. En todos los lugares del mundo en los que Rimpoché ha enseñado, ha preguntado a sus alumnos: «¿Cuáles son vuestras preguntas?», «¿Cuáles son vuestras luchas?». Lo que seguían eran historias omnipresentes sobre la baja autoestima, el odio a uno mismo, la duda, el daño corporal, la adicción y el miedo a envejecer y morir. Las enseñanzas de Rimpoché sobre la dignidad son una respuesta a estas preocupaciones.

Basándose en la tradición de sabiduría budista tibetana, Rimpoché enseña que la dignidad es una cualidad inherente a la integridad y a la plenitud fundamentales que todas las personas poseen. Rimpoché suele expresar esta idea con la frase «nuestra naturaleza es pura». Este libro pretende mostrar que todo el mundo posee ya dignidad como cualidad interior natural; solo necesitamos aprender a acceder a ella y recuperarla transformando nuestros patrones emocionales y neuróticos. En lugar de sentirnos impotentes y adoptar una actitud pasiva ante las situaciones difíciles, alinearnos con nuestra dignidad inherente nos proporciona una sensación de poder y capacidad de acción. La dignidad es poder, y nosotros somos inherentemente poderosos.

Durante nuestras primeras reuniones, Rimpoché me dijo que el libro debía estar escrito con un lenguaje directo y accesible tanto para lectores profanos como para practicantes budistas experimentados. Me indicó que recurriera a diversos ángulos y enfoques para presentar el tema de forma completa y sistemática. De acuerdo con la intención de Rimpoché, el libro está organizado en tres partes que reflejan tanto el desarrollo de la dignidad como concepto, como la progresión mediante la cual se cultiva la dignidad. La primera parte del libro nos introduce en la mente y en su naturaleza genuina, aquella que debemos llegar a conocer como fundamentalmente pura y rica. La segunda parte se centra en la comprensión de los hábitos y la confusión que obstruyen esta naturaleza pura y los métodos para tratar con ellos. La tercera parte se centra en el resultado de este proceso: una honda seguridad y una arraigada confianza que reflejan una transformación en nuestra relación con nosotros mismos, con los demás y con el mundo.

Como Rimpoché subraya, una y otra vez, una comprensión intelectual de la dignidad tiene un valor limitado: la transformación real solo se produce a través de la experiencia directa. «Experiencia, experiencia, experiencia», subraya. En consecuencia, como complemento a la comprensión conceptual, este libro ofrece una serie de ejercicios contemplativos y meditativos –denominados colectivamente «entrenamiento de la dignidad»– diseñados para ayudar a los lectores a conectar con su propia dignidad interior y cultivarla. Prácticamente, todos los capítulos concluyen con uno o más ejercicios de entrenamiento de la dignidad. Se anima a los lectores a trabajar con estas prácticas mientras leen el libro, y a seguir haciéndolo después, según su propia inclinación y motivación.

La mayoría de nosotros tendemos a buscar «soluciones curativas» a los problemas de la vida, buscando la respuesta más fácil y expeditiva. Rimpoché comprende compasivamente que, en ocasiones, este enfoque es necesario. Sin embargo, cuando se trata de nuestra relación con nosotros mismos y con el mundo, pensar de esta manera no creará un cambio duradero. En este libro, Rimpoché nos guía de manera concienzuda para que profundicemos en el examen de la fuente de nuestra confusión. Nos recuerda repetidamente que debemos examinarnos a nosotros mismos, tanto cuando las cosas van bien como cuando no va bien. Rimpoché subraya que el autoconocimiento adquirido a través de la experiencia directa es la clave para estabilizar nuestra dignidad y vivir de manera significativa.

Este estímulo para que nos analicemos a nosotros mismos no es un ejemplo del «haz lo que yo digo, no lo que yo hago». Tampoco nos deja sin una pista de cómo podría ser el camino hacia la dignidad. Una de las cualidades únicas de Rimpoché es que con frecuencia enseña a partir de su experiencia personal, compartiendo abiertamente sus propias luchas y cómo ha trabajado para superarlas. Al unirse a nuestra experiencia y compadecerse de ella, Rimpoché nos muestra con precisión –a través del ejemplo, así como de la palabra y los hechos– cómo nosotros también podemos liberarnos de nuestra propia confusión. El ejemplo del propio proceso de aprendizaje de Rimpoché valida nuestra propia experiencia y refuerza la confianza en nuestras propias capacidades. Por ello, este libro incluye varias historias personales de Rimpoché, así como relatos ilustrativos de sus alumnos y amigos, la mayoría de cuyas identidades han sido modificadas para proteger su intimidad.

Muchas personas entre bastidores han apoyado la realización de este proyecto de múltiples maneras. A todos ellos, mi más sincero agradecimiento. Joshua Fouse, Ani Tsunma Jamyang Donma, Hilary Herdman, y Vera Leung proporcionaron grabaciones de audio y transcripciones escritas de muchas de las enseñanzas de Rimpoché. Stefan Mang comprobó todos los términos tibetanos y sánscritos, y proporcionó una útil investigación. Tsepak Rigzin ofreció asesoramiento adicional sobre el uso de términos sánscritos y tibetanos. Margaret DeWind se prestó amablemente a la lectura de pruebas y a la corrección de textos durante todo el proceso. Mary Sutphin, Marjorie Rhine, Andrea Sherman y Kevin Gormley leyeron todo el manuscrito y ofrecieron útiles comentarios y sugerencias. Muchos otros amigos generosos, demasiados para nombrarlos, leyeron y aportaron comentarios útiles sobre la propuesta o partes del libro.

Estoy muy agradecida a Casey Kemp, nuestra editora en Shambhala Publications, quien dirigió el proceso con serena habilidad. Su experiencia, amabilidad, cuidado y claridad en la comunicación hicieron que el proceso de publicación fuera fácil y agradable. Agradezco a Natasha Kimmet por su experta y precisa corrección de estilo, y a Peter Schumacher y Gretchen Gordon por su ayuda para llevar a término este proyecto es su fase final.

Mi agradecimiento a Alan Pope, mi marido, cuyas funciones y contribuciones a este libro son demasiado numerosas para contarlas. La más importante ha sido la cuidadosa edición de todo el manuscrito, sus numerosas sugerencias constructivas y su apoyo y aliento en todo momento, incluso en los días en que solo podía garabatear unas pocas líneas. Sin él, este largo proceso habría sido mucho más arduo, menos alegre y satisfactorio.

Por último, no puedo expresar adecuadamente mi agradecimiento al propio Rimpoché por haberme confiado este importante proyecto. Pasar años empapándome con los consejos del corazón de un auténtico maestro budista y, al mismo tiempo, ponerlos a disposición de un público más amplio es un honor y un privilegio indescriptibles. También quiero agradecer a Khandro Norbu Gyari por sus valiosos consejos y su imprescindible papel a la hora de proporcionarme todo el apoyo que necesitaba para este proyecto, al tiempo que me brindaba su extraordinaria calidez.

Quienes han conocido a Rimpoché saben que las palabras no pueden describir su animada presencia y su estilo interpersonal de enseñanzas. Incluso con muchos de los asistentes, Rimpoché se implica directamente con cada uno, generando la sensación de que la enseñanza está dirigida a ellos personalmente. La bondad y confianza en sus ojos, la calidez sin prejuicios que irradia de forma natural, los gestos espontáneos y juguetones, todo ello comunica mucho más de lo que se puede traducir con palabras. Pese a haber hecho todo lo posible por transmitir la esencia de las enseñanzas de Rimpoché, pido disculpas por cualquier deficiencia por mi parte. No hace falta decir que soy responsable de cualquier error o equivocación que pueda haber en este trabajo.

En la tradición occidental, Sócrates dijo: «Conócete a ti mismo»; en este libro, Rimpoché nos ayuda a hacerlo. Las enseñanzas que aquí se exponen no son mera retórica ni creencias religiosas. Son la sabiduría viva, completa, con los métodos necesarios para entrar en contacto, afirmar y cultivar nuestra propia dignidad interior. Ojalá estas enseñanzas hubieran estado a mi alcance en una etapa anterior de mi vida, pero me alegro de que ahora estén a vuestra disposición. Los graves problemas a los que se enfrenta el mundo en la actualidad –el pánico mundial por el coronavirus, la crisis climática, el extremismo en todas sus formas, etc.– hacen especialmente urgente que analicemos a fondo nuestra propia experiencia y reevaluemos lo que es verdaderamente importante en la vida. Espero sinceramente que este libro sirva de apoyo en ese proceso y os beneficie, a vosotros, a vuestros seres queridos y al mundo entero.

Sophie (Shu-Chin) Wu

Parte uno:
Tu naturaleza es pura

La mente es la causa del surgimiento de la sabiduría.

¡No busques al buda en otra parte!

EL BUDA[1]

1. Espejo del corazón

Solo con el corazón se puede ver bien;
lo esencial es invisible a los ojos.

ANTOINE DE SAINT EXUPÉRY[2]

Un día, mientras estaba sentado en el porche de mi centro de retiros de Cooperstown, Nueva York, un estudiante me pregunto: «Rimpoché, tengo tantos defectos. ¿Cómo voy a tener dignidad?». Este joven llevaba años viniendo a nuestro retiro anual de meditación de verano. Es físicamente robusto y mentalmente agudo, tiene un negocio próspero y se ha casado recientemente con un alma gemela. Según las normas convencionales, se le considera una persona de éxito. Sin embargo, en esta ocasión, me hizo esta pregunta con una sensación de desesperación. A pesar de su éxito en el amor y en el trabajo, tiene poca confianza en su valía personal.

«Trabajo todo el tiempo y siento que no merezco un descanso. Por mucho que trabaje, siento que no soy suficiente: en mi vida laboral, en mi vida personal, en el cuidado de mí mismo, en mis amistades. No estoy a la altura en mis esfuerzos por ayudar al mundo. No estoy a la altura en nada de lo que hago. Y siento que debo rendir a la perfección todo el tiempo para que me quieran», se lamenta. Me descubro pensando: *«Nyingje, pobre hombre». Nying* significa «corazón» en tibetano, y *je* significa «rey». *Nyingje,* rey del corazón, es la palabra tibetana para la compasión. A menudo me digo esta palabra en silencio cuando me encuentro con un ser que sufre. Es una forma de relacionarme con su dolor y desear que desaparezca.

Las palabras de insatisfacción y desconfianza de este estudiante fueron especialmente sorprendentes. Pocos días antes, había entrado en mi salón sin aliento, eufórico, para contarme la expansión de su negocio. Ahora parecía tambalearse al borde de un precipicio. Su alegría se había evaporado sin dejar rastro, su confianza en sí mismo estaba por los suelos. Sin embargo, esta fluctuación dramática de la alegría y la confianza no es propia de este estudiante, sino que es extremadamente común. Lo sé por experiencia propia, y creo que casi todo el mundo lo sabe.

¿Por qué es tan difícil mantener la alegría que llevamos dentro? ¿Por qué nos dejamos llevar tan fácilmente por la duda, la incapacidad, el miedo? ¿Por qué nos sentimos incompletos? ¿Cuál es la causa de este tipo de sufrimiento y qué podemos hacer al respecto, si es que podemos hacer algo?

No estás solo

Francamente, la experiencia vital de este estudiante no podría ser más diferente de la mía. Él creció en Nueva York, la ciudad más grande y cosmopolita de Estados Unidos, mientras que yo me crie en una familia budista en Nepal, un pequeño país del sur de Asia. Él recibió educación pública y desarrolló su propio negocio privado, mientras que yo recibí formación monástica formal para enseñar meditación budista. A pesar de las diferencias, su pregunta me recordó mis propios miedos y vulnerabilidades, mis dudas y vacilaciones, y en particular, mi confusión juvenil sobre la dignidad. Sé cómo se siente.

Hoy en día es muy común hablar de «baja autoestima», es decir, que tenemos una mala opinión de nosotros mismos. Muchas personas experimentan la sensación de no ser suficientes, de no estar a la altura de las circunstancias, de lo que se espera de nosotros. Asumimos que esto es normal. Sentirse así es como estar de pie en una base inestable, impotentes e inseguros sobre quiénes somos y qué estamos haciendo aquí; todo parece desmoronarse. El malestar que sentimos suele ser un leve murmullo, pero a veces estalla en una tormenta extremadamente desagradable. Es la experiencia de carecer de dignidad y nos lleva a cuestionarnos si es algo que podremos tener alguna vez.

Por el contrario, la certeza en nuestra dignidad nos hace inquebrantables ante cualquier circunstancia. Tenemos una profunda comprensión de quiénes somos realmente, con un sentido férreo de propósito. Pero esa dignidad es algo que debemos alcanzar.

En cierto modo, mi propia confusión sobre la dignidad ha sido especialmente inquietante. La gente se dirige a mí como «Rimpoché», una palabra tibetana que suele traducirse como «precioso». Suele utilizarse como término de respeto y reverencia al dirigirse a alguien reconocido como la reencarnación de un maestro venerado. Cuando aún era un bebé, fui reconocido como lama reencarnado, o *tulku*, de uno de los linajes del budismo tibetano. En mi lengua materna, el tibetano, *la* significa «fuerza vital» y *ma* significa «madre». Un lama reencarnado es venerado en mi cultura como una figura maternal que en vidas anteriores demostró logros espirituales notables y que en esta vida se supone que encarna muchas buenas cualidades, como la dignidad, la compasión y la sabiduría. Por lo tanto, se supone que un lama reencarnado debe cuidar y guiar a todas las personas. Pero cuando era joven, era tímido y cohibido, y me sentía incómodo en entornos sociales. Cuando se me acercaban extraños que venían a visitarme a mí o a mi familia, a menudo me invadía la inquietud y prefería esconderme antes que tener ningún contacto con ellos. ¿Cómo podía educar y guiar a otras personas mientras luchaba con mi propia timidez e inseguridad?

No obstante, desde entonces me he convertido en maestro y viajo por todo el mundo.

En los últimos quince años, durante mis giras de enseñanza por las Américas, Europa y Asia, la cuestión de cómo desarrollar la dignidad ha surgido una y otra vez. Muchas de las personas que he conocido, independientemente de las diferencias de edad, género y procedencia, han compartido conmigo cómo les aqueja la falta de dignidad y han expresado sus deseos de obtenerla. Al hacerlo, me contaron muchas historias. Una persona se peleó con su amiga, se sintió traicionada y lamentó la ruptura de la confianza entre ellas. Otra se sentía herida por su familia rota y la persistencia de la violencia doméstica. Otro se enfadó con su exmujer, a la que consideraba una injerencia en la relación con su hijo. Aunque algunos sucesos habían ocurrido años o incluso décadas antes, muchas personas seguían atormentadas por sentimientos persistentes de dolor, pena, miedo, tristeza e ira. En apariencia, parecían estar bien, pero por dentro lo estaban pasando mal. Aunque las historias que desencadenaron sus amargas experiencias eran diferentes, las expresiones de decepción dirigidas hacia sí mismas eran similares: se reprendían por «perder la dignidad» al enfrentarse a situaciones o emociones difíciles.

«Me odio a mí misma».

«Soy un idiota».

«No merezco ser amado».

«¿Cómo he podido hacer (o decir) eso?».

Estas eran algunas de las expresiones comunes de haber perdido la dignidad. Pero cuando les pregunté qué habían perdido exactamente, es decir, qué entendían por dignidad, solo me ofrecieron respuestas vagas y ambiguas. Me dijeron, por ejemplo, que dignidad significa «respeto», «autoestima», «valor propio» o «coraje».

Una filósofa estadounidense llamada Ruth Macklin sostiene que «la dignidad es un concepto inútil. No significa más que respeto por las personas, o por su autonomía».[3] Pero la veneración de Martin Luther King Jr. por este concepto quedó clara cuando dijo a un grupo de estudiantes del Barratt Junior High School de Filadelfia: «El número uno en el proyecto de vuestra vida debe ser una profunda creencia en vuestra propia dignidad».[4] Son palabras poderosas e inspiradoras. Para el doctor King, la dignidad no era una idea vaga que pudiera reducirse a «respeto» o «autoestima». Tampoco era algo abstracto y efímero. Utilizaba la palabra dignidad para denotar una cualidad importante relacionada con lo que somos y lo que hacemos en nuestras vidas. Quizá sea difícil definir la dignidad porque apunta a algo en nosotros que aún no conocemos lo suficientemente bien como para describirlo. Para definir con claridad la dignidad, quizá necesitemos comprendernos mejor a nosotros mismos.

Rostros occidentales de la dignidad

Antes de adentrarnos en cómo entendernos a nosotros mismos más plenamente –el tema predominante de este libro–, deberíamos considerar, aunque sea brevemente, cómo se ha considerado la dignidad en la cultura occidental. *Dignidad* de la palabra latina *dignitas,* que significa «valía». Por lo tanto, la primera pregunta sobre la dignidad fue: «¿Quién tiene valía y en qué sentido?». La sociedad de la antigua Grecia daba la siguiente respuesta: «Las personas de estatus superior son dignas, merecedoras de respeto». En otras palabras, cuando se mira a través de la lente de la jerarquía social, la noción de «valía» se reduce fácilmente al respeto que te profesan los demás. Por supuesto, la valía personal no está intrínsecamente ligada a la jerarquía social y, de hecho, con el tiempo, el significado de la dignidad ha evolucionado hasta abarcar el reconocimiento de que todos los seres humanos tienen valía. Pero la idea de equiparar esa valía (o dignidad) con el respeto sigue vigente.

Muchos pensadores religiosos y filósofos tenían otras ideas. Concebían la dignidad como algo más amplio que el respeto.

Por ejemplo, en la época medieval, el destacado pensador católico santo Tomás de Aquino consideraba la dignidad como un valor intrínseco que forma parte de la creación de Dios. El renacentista italiano Giovanni Pico della Mirandola, en su famosa obra *Oración sobre la dignidad del hombre* (1486), equiparaba la dignidad con Dios; razonaba que, como estamos hechos a imagen y semejanza de Dios, nos hacemos dignos al elevarnos hacia Dios. El filósofo del siglo XVIII Immanuel Kant ofreció una interpretación secular de la dignidad como una cualidad interior que es un «fin en sí misma», con valor incondicional e incomparable. Kant consideraba la dignidad como un principio moral fundamental. Como es bien sabido, declaró que las personas siempre deben ser tratadas como fines en sí mismas, nunca como medios para otros fines.

El famoso lema de Kant ha inspirado una conexión entre dos concepciones históricas de la dignidad. ¿Cómo? Al considerar a los seres humanos como fines y no como medios, afirma nuestra dignidad interior, al tiempo que exige que esta dignidad interior sea respetada mediante la justicia social y política. Hoy en día, los activistas de los derechos humanos y la justicia social invocan con frecuencia una afirmación de la Declaración Universal de los Derechos humanos de las Naciones Unidas (1948) que comienza del siguiente modo: «Todos los seres humanos nacen libres e iguales en dignidad y derechos». Es decir, todos tenemos dignidad interior. Este documento afirma, además, que «la libertad, la justicia y la paz en el mundo tienen por base el reconocimiento de la dignidad intrínseca… de todos los miembros de la familia humana».[5] Es decir, esta dignidad intrínseca debe ser respetada.

Esta es solo una muestra de las diferentes formas en que la dignidad ha sido asumida en la cultura occidental. Todavía hay muchos debates sobre lo que significa realmente la dignidad, pero en general giran en torno a las dos nociones que acabamos de describir: la dignidad es algo que está dentro de nosotros y que se refleja en nuestras acciones, o es algo que está fuera de nosotros y que deben concedernos los demás.

Guardián de nuestras cualidades más preciadas

Desde la perspectiva budista, estos dos sentidos de la dignidad están íntimamente interrelacionados. Por ejemplo, nuestra propia dignidad intrínseca nos obliga a tratar a los demás con dignidad; al mismo tiempo, tratar a los demás con dignidad es una forma de afirmar y expresar nuestra propia dignidad intrínseca. Como se puede ver, la concepción hace hincapié en la dignidad interior, considerándola fundamental para todas las expresiones de la dignidad.

No existe una fórmula mágica para resolver los innumerables problemas mundiales a los que nos enfrentamos actualmente. Las enseñanzas del Buda, aunque se originaron hace más de 2600 años, se basan en nuestra condición humana real. Cuando volamos en avión, sabemos que, en caso de emergencia, debemos ponernos la máscarilla de oxígeno antes de ayudar a los demás con la suya. Del mismo modo, un principio rector de nuestra condición humana es que, para cambiar el mundo, primero debemos cambiarnos a nosotros mismos. En la concepción budista del cultivo de la dignidad, esto significa que primero debemos conocer nuestra mente, que es la base de toda experiencia. Solo cuando comprendamos nuestra mente, podremos saber qué ofrecemos al mundo. Para curar el mundo, primero debemos curarnos a nosotros mismos.

¿Qué es esta mente que primero debemos conocer? En la tradición budista, mente y corazón suelen utilizarse indistintamente. Por ejemplo, la palabra sánscrita *citta* se traduce tanto por «mente» como por «corazón». El corazón aquí no se refiere al órgano físico. Y la mente no es nuestro estado ordinario de conciencia (*sem* en tibetano). Se refiere a la naturaleza pura de la mente (*rigpa* en tibetano). Dado que este corazón-mente significa la unión de la compasión y la sabiduría, a veces se lo denomina «corazón noble».

Según las enseñanzas del Buda, todo el mundo está dotado de un corazón noble. *Todos*, sin excepción. Nuestro noble corazón es la fuente de un potencial infinito y de cualidades profundas, aunque en raras ocasiones se manifieste plenamente. Sin embargo, el simple hecho de saber confiadamente que estamos intrínsecamente dotados de las preciosas cualidades de este noble corazón, que incluyen la bondad, el amor, la compasión, la sabiduría y la dignidad, marca una enorme diferencia en nuestra experiencia.

En el budismo tibetano, la tradición en la cual crecí, describimos la experiencia de la dignidad utilizando los siguientes términos tibetanos. El término que transmite el significado de dignidad utilizado en este libro es *lha-yi ngagyal*. *Lha* se traduce al castellano como «naturaleza innata». *Ngagyal* es «orgullo» o «confianza». Por lo tanto, este tipo de dignidad significa «orgullo o confianza en nuestra naturaleza innata».

O podríamos decir «confianza inquebrantable en nuestro noble corazón». Esto es muy diferente a la comprensión de la dignidad como un derecho humano, un principio ético, o simplemente el respeto. El sentido de la dignidad que utilizo aquí está relacionado con nuestra esencia y nuestra naturaleza. Es el corazón mismo de nuestro ser.

Esta expresión tibetana (*lha-yi ngagyal*) se traduce en ocasiones como «orgullo vajra». La palabra sánscrita *vajra* se refiere al diamante, la piedra soberana entre todas las piedras. Un diamante es tan fuerte y sólido que no puede ser aplastado. A diferencia del orgullo vajra, el orgullo ordinario puede aplastarse fácilmente. Se asocia a una emoción negativa basada en un ego inflado. Cuando el ego está inflado, se puede pinchar fácilmente, como un globo. Esta vulnerabilidad nos lleva a dedicar una gran cantidad de energía a proteger y cuidar el ego, una función que desempeña el orgullo ordinario. El orgullo vajra, por el contrario, está profundamente arraigado en nuestra naturaleza pura inherente. Cuando tenemos orgullo vajra, no tenemos nada que demostrar y confiamos plenamente en nosotros mismos. No hacemos comparaciones ni sucumbimos a sentimientos de superioridad o inferioridad. El orgullo vajra apunta a una fuerza y un poder interiores fundacionales e inquebrantables, desprovistos de los diversos deseos, necesidades e inseguridades del orgullo del ego. Esta es la razón por la que el orgullo vajra a veces se conoce también como «orgullo divino» u «orgullo estable».

Cuando, en este libro, hablo de la dignidad, me refiero al poder que proviene de saber, con certeza que nuestro corazón es noble, que nuestra naturaleza es intrínsecamente pura. Somos íntegros y completos. Es lo contrario de sentir que no somos suficiente. La dignidad no es un estado pasajero; es una confianza inquebrantable. Esta confianza inquebrantable en nosotros mismos nos protege de los altibajos de la vida. Nos permite ver las situaciones con claridad y responder adecuadamente. Con dignidad, no estamos acosados por la incertidumbre y la duda. Al contrario, podemos darnos cuenta de nuestros propios errores y corregirlos. Es una forma de ver y una forma de ser.

Parte del poder de la dignidad, o del orgullo vajra, es que sirve como guardián de nuestras cualidades más preciadas. Mientras que el orgullo intenta proteger nuestro frágil e inflado ego, la dignidad protege nuestras cualidades inherentes más preciadas, como la bondad, la compasión y la sabiduría. Con dignidad, percibimos las cosas como realmente son, y nos percibimos a nosotros mismos como realmente somos. Esta claridad de visión y comprensión nos protege de la distracción y la confusión que, normalmente, nos llevan a cuestionarnos a nosotros mismos y nuestra realidad. El resultado es una profunda y poderosa sensación de estabilidad interior. Como un diamante.

Somos inherentemente ricos

Como seres humanos, es inevitable que cometamos errores. Los errores ocurren en el transcurso de una hora, un día, un año, toda una vida. En ausencia del orgullo vajra, tendemos a experimentar estos errores con una sensación de fracaso personal. Si los errores son inevitables, ¿por qué nos castigamos tanto que solo vemos lo negativo y nos olvidamos de nuestras cualidades más preciadas? En lugar de sentirnos mal «por» nosotros mismos, nos sentimos mal «sobre» nosotros mismos. A veces nos convertimos en el peor obstáculo para nuestra propia dignidad.

El budismo tibetano utiliza una metáfora tradicional para ilustrar este tipo de confusión. Somos como una persona empobrecida que vive en una pequeña choza. Sentimos que no tenemos nada de valor y debemos aventurarnos en el mundo exterior para buscar recursos y riquezas. No nos damos cuenta de que bajo nuestra choza hay enterrado un inmenso tesoro. El tesoro está aquí mismo, a nuestro alcance. Solo tenemos que encontrar la manera de acceder a él.

Esta imagen muestra hasta qué punto somos ajenos a nuestra naturaleza fundamental. Vernos a nosotros mismos como pobres, inadecuados e incompletos crea impedimentos para conocernos a nosotros mismos y la riqueza de nuestras cualidades. Esta mentalidad empobrecida nos hace desear siempre, sin tener nunca. Nos sentimos deficientes, como si nunca pudiéramos hacer lo suficiente, y mucho menos, ser suficientes. Nos tratamos con severidad, sin la misma amabilidad que tendríamos con un desconocido. Esta mentalidad está arraigada en la forma errónea en que nos vemos a nosotros mismos.

Dos espejos

Un estudiante de psicología me habló de un concepto llamado «etapa del espejo» del desarrollo humano. Entre los seis y los ocho meses, los bebés o niños pequeños desarrollan la capacidad de mirarse en el espejo y relacionar la imagen que ven con ellos mismos. La primera vez que esto ocurre, se sienten exuberantemente felices. El único problema es que, aunque la imagen del espejo es su reflejo, creen erróneamente que son ellos mismos. Al identificarse con esta imagen, acaban por identificarse con una idea de quiénes son. Más adelante, los demás les «reflejan» lo que ven: «eres bueno», «eres malo», «eres guapo», «eres feo», «eres listo», «eres tonto». Sus juicios subjetivos conforman aún más su autoimagen, influyendo en cómo llegan a verse a sí mismos y a su mundo. Cuando comparan esta imagen de sí mismos con las imágenes idealizadas de la sociedad, siempre se quedan cortos. No es de extrañar que perdamos la confianza y la fe en nosotros mismos. No es de extrañar que busquemos fuera de nosotros mismos la validación de otras personas. No es de extrañar que siempre sintamos que no somos suficientes. Estamos equivocados sobre quiénes somos realmente.

La tradición budista habla de un espejo diferente, una forma distinta de vernos a nosotros mismos. Es el espejo de la mente -corazón, que podríamos abreviar como «espejo de la mente» o «espejo del corazón». ¿Qué refleja el espejo de la mente? Es la luz de la sabiduría, nuestro conocimiento innato dotado de las energías y cualidades de la claridad y la pureza sana. En otras palabras, este espejo refleja lo que es intrínseco a nosotros. Nos muestra quiénes somos realmente, más allá de nuestra forma habitual de pensar sobre nosotros mismos y de las percepciones distorsionadas que los demás tienen de nosotros. En el espejo de la mente, nos vemos y nos conocemos de forma directa y completa. El primer espejo refleja el ego; el espejo de la mente refleja nuestro yo real.

Todos podemos experimentar este yo real, que la tradición budista llama «naturaleza del buda». La palabra *buda* significa «despierto». Se refiere a alguien que está totalmente despierto o totalmente liberado de nociones erróneas respecto a quién o qué es. Esto no tiene nada que ver con ser «budista»: este potencial está en todos nosotros. Cuando siempre podemos reconocer y mantener nuestra verdadera naturaleza con total confianza y certeza, la cualidad de la dignidad inquebrantable está presente de forma natural, junto con el amor, la pasión y la sabiduría.

Volver a casa

Dado que tantos de nosotros nos sentimos incompletos y luchamos con sentimientos de inadecuación y falta de hogar espiritual, ¿cómo podemos llegar a contactar y actualizar nuestra dignidad inherente? O, como preguntó el estudiante: «¿Cómo puedo tener dignidad si me siento tan mal conmigo mismo?». Este libro es una humilde respuesta a estas preguntas. Es una hoja de ruta para volver a casa, a nuestro estado natural de ser.

Cuando estamos fuera de la ciudad, muchos de nosotros utilizamos un GPS para guiarnos hasta casa. Pero un GPS solo puede indicarnos la dirección correcta. Debemos recorrer el camino para llegar por nosotros mismos. Lo mismo ocurre con el viaje de vuelta a nuestra verdadera naturaleza. Por eso, en este libro no me centraré en la teoría ni en la filosofía. En su lugar, ofreceré instrucciones para que puedas recorrer el camino hacia tu propia dignidad inherente.

En 2004 visité Nueva York por primera vez. En una bulliciosa calle de la ciudad, me sentí muy libre. Nadie sabía quién era, ni le importaba. Me encantó la libertad del anonimato. Sin embargo, mirando hacia atrás, me doy cuenta de que no solo fue el anonimato de una gran ciudad lo que forjó mi sensación de libertad; fue en gran parte porque ya no me sentía paralizado por la timidez y la autoconciencia de mi juventud. Mi corazón había aprendido a estar más abierto y conectado. Me sentía en casa. El viaje desde la prisión de mis propias emociones a la libertad de mi experiencia interior fue guiado por muchos maestros bondadosos de la tradición budista tibetana. Se ha convertido en una fuente de autoconocimiento, y el resultado es más valioso que toda la riqueza material del mundo.

Como ilustraré en el próximo capítulo, incontables maestros de meditación han utilizado estos métodos para alcanzar plenamente la dignidad en sí mismos. Lo que comparto en este libro surge de los consejos del corazón y el entrenamiento meditativo que recibí de mis maestros, quienes a su vez recibieron estas enseñanzas de una generación anterior de maestros, en un linaje ininterrumpido que se remonta hasta el Buda. Pero lo que estos maestros enseñaron sobre la dignidad se aplica a todo el mundo, no solo a los budistas. Aunque este libro se basa en enseñanzas budistas, no pretende ser un libro budista. Tampoco pretende ser un libro religioso. Está escrito con la intención de beneficiar a cualquiera que aspire a vivir una vida digna y desee ayudar a los demás.

Emprender el viaje

¿Cómo podemos emprender este viaje hacia nuestro auténtico hogar, nuestro corazón? Este libro ofrece un «entrenamiento de la dignidad» diseñado para lograr este objetivo. El entrenamiento de la dignidad consiste en una serie de ejercicios contemplativos y meditativos que se incluyen al final de casi todos los capítulos del libro. Utilizar estas herramientas para entrenarte de forma regular y repetida te conducirá a la experiencia directa y de primera mano de la dignidad, más que a una mera comprensión conceptual o intelectual.

Para cultivar la dignidad, primero tenemos que entrenar la mente. Actualmente, nuestra mente es salvaje, está tironeada en una u otra dirección en función de cómo respondemos habitualmente a lo que vemos, oímos o pensamos. Pero puede que ni siquiera nos demos cuenta de ello al principio. Hoy en día, estamos muy familiarizados con nuestros teléfonos inteligentes, pero no lo estamos tanto con nuestra propia mente. La formación en la dignidad nos proporciona las herramientas que necesitamos para empezar a conocer nuestra mente y ver cómo funciona. Como resultado, nuestras mentes se volverán serenas y pacíficas, flexibles y manejables, para que podamos vernos a nosotros mismos con claridad.

Este proceso puede ser inquietante al comienzo. Nos pone nerviosos lo que podemos encontrar si miramos a fondo quiénes somos. Pero el entrenamiento en la dignidad no consiste en intentar deshacernos de lo que no nos gusta de nosotros mismos. Se trata de aprender a aceptarnos plenamente. Cuando nos familiarizamos con nuestros patrones reactivos habituales y el modo en el que nos atrapan, también nos damos cuenta de que no somos esos patrones. En consecuencia, empezamos a reconocer posibilidades nuevas y más sanas de responder a las situaciones de la vida, incluso a lo que antes nos había provocado emociones negativas. Cuando esto ocurre, hemos iniciado el viaje hacia el reconocimiento y la realización de nuestra dignidad inherente.

Antes de que aprendamos a aplicar estas herramientas para el cultivo de la dignidad, quiero hacer una distinción entre entrenamiento y práctica, dos términos que a menudo se utilizan de diversas maneras. En este libro, «entrenamiento» se refiere al proceso formal de trabajar con nuestra mente a través de la contemplación y la meditación. La «práctica» consiste en aplicar a la vida cotidiana lo que hemos aprendido mediante el entrenamiento formal. Este libro te proporciona las herramientas que necesitas para llevar a cabo el entrenamiento formal, pero depende de ti aplicarlo en tu vida y verificar si estás progresando.

Permítanme decirlo de forma sencilla:

Trabajar formalmente con la mente es entrenamiento; aplicar el entrenamiento en todo lo que haces es práctica.

Nos entrenamos formalmente con el tiempo que tenemos disponible, pero luego practicamos en el contexto de nuestras actividades cotidianas. El «esfuerzo» de la práctica consiste en relajar la mente y darnos cuenta de lo que hacemos. Se trata de elegir más conscientemente entre las acciones beneficiosas y las perjudiciales. Se trata de liberarse de cargas, no de asumirlas. Al principio puede parecer difícil, pero al final se convierte en algo sin lo que no querríamos vivir.

Podemos empezar el entrenamiento de la dignidad donde estamos, aquí y ahora. Para tener un cuerpo sano, construimos nuestros músculos mediante el ejercicio físico. Para tener una mente sana, construimos los «músculos» de nuestra mente a través del entrenamiento en meditación. Pero es importante recordar que, en el entrenamiento de la dignidad, el proceso tiene lugar en nuestro corazón. Ha llegado el momento de que dejemos de menospreciarnos y cultivemos la confianza plena en lo que realmente somos.

FORMACIÓN EN LA DIGNIDAD

Tu relación con la dignidad interior

Siéntate en silencio, a solas. Relaja tu mente respirando de forma natural y suave durante unos minutos. Mientras te haces mentalmente las siguientes preguntas, no busques respuestas, sino deja que las respuestas vengan a ti.

- ¿Cómo describirías la dignidad con tus propias palabras? ¿Qué significa este concepto para ti? (No busques el término en Internet).
- ¿De dónde procede tu concepción de la dignidad? Por ejemplo, ¿se basa en lo que otros te han dicho, en lo que te dice tu corazón, o en alguna otra fuente?
- ¿Cuál es tu relación con la dignidad como cualidad interior? ¿Te identificas con ella? ¿Cuándo la tienes? Piensa en momentos concretos de tu vida.

- Empieza a darte cuenta de tu relación con la dignidad a lo largo del día. Compruébalo de vez en cuando preguntándote: «¿Cuál es el estado de mi mente? ¿Dónde está mi dignidad?».
- Sé sincero contigo mismo, sin juzgarte.

No juzgar es la clave. Este ejercicio es solo para ti. No hay nadie a quien complacer, nadie que te valide o invalide. Sé amable con cualquier emoción que surja. Solo necesitas ser honesto y sincero. No hay respuestas correctas o incorrectas. De hecho, puede que quieras volver a estos ejercicios a lo largo de tu formación en la dignidad; si lo haces, es casi seguro que tus experiencias y percepciones habrán cambiado.

Con este primer ejercicio, estamos descubriendo nuestra base de trabajo para cultivar la dignidad. En este proceso, debemos empezar donde estamos, sabiendo que podemos cambiar. E, irónicamente, solo podemos cambiar cuando aceptamos completamente dónde estamos. Por lo tanto, sé cariñoso y acéptate a ti mismo y a lo que encuentres; eso, en sí mismo, es una muestra de tu dignidad interior.

Apoyo inspirador

Cuando cuento una historia, siempre evito los dos defectos de la exageración y la denigración: ni añadir cualidades adicionales que alguien no posee, ni negarme a reconocer las cualidades que realmente están presentes.

TULKU URGYEN RIMPOCHÉ[6]

2. Conócete a ti mismo

No hay nada en la tierra que no sea medicina.
Dicho tibetano

Una famosa historia tibetana sobre la medicina dice lo siguiente: un día, un médico herborista pidió a su aprendiz que encontrara una sustancia natural que no tuviera propiedades curativas. El aprendiz pensó para sí: «Esto será fácil. Volveré enseguida». Tras años de buscar y buscar en el Himalaya, regresó a su maestro con las manos vacías. El aprendiz no pudo encontrar una sola sustancia en la tierra sin propiedades curativas. Incluso el veneno, aprendió, puede transformarse en medicina para ser utilizado con fines curativos.

El gran médico

Los textos budistas suelen referirse metafóricamente al Buda como un médico, y a sus enseñanzas como medicina. En este sentido, el Buda era un sanador. Pero todo médico eficaz debe tener un diagnóstico claro acerca del estado del paciente y proporcionarle el remedio adecuado. La historia de la vida del Buda muestra cómo un joven príncipe llamado Siddhartha descubrió («diagnosticó») la condición última que curar, y el remedio para superarla. Hoy, más de 2600 años después, la misma enfermedad sigue afligiendo a la gente, y se aplica el mismo remedio.

Como príncipe, Siddhartha podía disfrutar perfectamente del título, el poder y la riqueza material con los que había nacido. Pero incluso dentro del lujoso palacio donde su padre, el rey, trataba de protegerlo, Siddhartha sentía un malestar interior. No comprendió este malestar hasta que, en cuatro ocasiones, consiguió escapar de los muros del palacio para ver lo que había en el exterior.

La primera vez que Siddhartha salió del palacio, se encontró con un anciano. «¿Qué es esto?», preguntó. «¿Me volveré así?». «Sí, todo el mundo envejece», respondió su ayudante. El padre de Siddhartha, queriendo proteger a su hijo de todo signo de sufrimiento, había permitido que solo se le acercaran personas jóvenes y bellas. El primer encuentro de Siddhartha con una persona visiblemente anciana le hizo comprender que todo el que nace acaba siendo viejo.

En la segunda ocasión, Siddhartha vio a un hombre que estaba enfermo. «¿Qué es esto?», volvió a preguntar. Teniendo un cuerpo humano, estar enfermo es inevitable, aprendió.

En la tercera ocasión, Siddhartha vio que se llevaban un cadáver para incinerarlo. «¿Qué es esto? ¿Voy a morir?», volvió a preguntar. Siddhartha se dio cuenta de que incluso si uno es un rey o un príncipe, una vez nacido, finalmente morirá.

La enfermedad, la vejez y la muerte forman parte de nuestra condición humana básica. Son verdades incómodas que nadie puede evitar. Y, sin embargo, muchos, como el padre de Siddhartha, el rey, se empeñan en negarlas.

Cuando Siddhartha salió del palacio por cuarta vez, vio a un hombre santo errante. A diferencia de la experiencia de tristeza, dolor e insatisfacción que caracterizaban a los tres primeros individuos, el rostro de este hombre parecía notablemente contento y sereno. Fuertemente impresionado, Siddhartha reconoció que tal vez fuera posible liberarse del sufrimiento de la condición humana. «¿Cómo se consigue una libertad de este tipo?», se preguntó.

Siddhartha supo intuitivamente que para responder a esta pregunta era necesario abandonar la comodidad y la seguridad que le ofrecía a su vida su condición real. A la edad de veintinueve años, abandonó el palacio para buscar la forma de curar la enfermedad del sufrimiento humano y liberarse de él para siempre.

Siddhartha estudió con diferentes maestros de meditación y dominó rápidamente lo que le enseñaban. Aunque alcanzó estados muy refinados de concentración meditativa, aún no había logrado la liberación completa del sufrimiento. Siddhartha practicó con un grupo de ascetas. Pasando hambre, a veces comía únicamente un grano de arroz y una gota de agua al día. Dormía en cementerios, se acostaba sobre lechos de espinas, se quemaba al sol, y soportaba el frío de la noche. Pero su sufrimiento no terminó.

Al darse cuenta de que ni el esfuerzo extremo ni el castigo físico extremo le proporcionaban la libertad que buscaba,

Siddhartha probó un enfoque diferente. Se sentó bajo un árbol Bodhi en Bodhgaya, al noreste de la India, y meditó con gran determinación. Tras varios días y sus noches, una mañana temprano, Siddhartha alcanzó la comprensión de la vacuidad. Esto significa que todo lo que percibimos con nuestros sentidos físicos y nuestra mente carece de existencia separada e independiente. En otras palabras, no tiene existencia intrínseca. Todo es interdependiente con todo lo demás. Permaneciendo inquebrantablemente en la verdadera naturaleza de la mente, Siddhartha estaba completamente libre de todas las esperanzas y temores, impregnado, en cambio, de las cualidades del amor, la compasión, la sabiduría y la dignidad. Había alcanzado la iluminación. Siddhartha se había convertido en un Buda.

Recordemos que la palabra *buda* significa «despierto». Siddhartha no se ganó el título de «el Buda» por su elevada posición social, por su riqueza o por su poder político. Se lo ganó porque escuchó los impulsos internos de su insatisfacción –la misma insatisfacción que tú y yo conocemos– y emprendió un camino para superarla. Utilizando la metáfora del médico, no se limitó a tratar sus síntomas, sino que profundizó en su propia experiencia mental para identificar sus causas y superarlas. Por eso se lo conoce también como «El victorioso», en señal de su victoria sobre todas las fuerzas que nos impiden ser libres, felices y pacíficos.

El Buda pasó los siguientes cuarenta y cinco años de su vida enseñando lo que había aprendido sobre las causas del sufrimiento y cómo superarlas. Siguiendo sus enseñanzas, sus discípulos alcanzaron a su vez su propia liberación, para luego transmitir la misma inspiración a sus estudiantes, y así sucesivamente. Este linaje de transmisión discípulo-maestro ha continuado de manera ininterrumpida hasta nuestros días.

Como crecí en una familia y una comunidad budista, la historia de cómo Siddhartha se convirtió en el Buda tuvo un efecto poderoso e inspirador en mí. En lugar de conformarse con el valor comúnmente aceptado del éxito mundano, Siddhartha cuestionó radicalmente su validez. A través de la meditación y la experiencia directa, descubrió que la mente es la clave de nuestra felicidad y sufrimiento. Si nos proponemos trabajar con nuestra mente, descubriremos que ya poseemos todo lo que necesitamos para ser libres, felices y pacíficos. Nuestra naturaleza ya está iluminada. Sin embargo, antes de darnos cuenta de ello, quedamos atrapados en la confusión y en las emociones negativas. Como nuestra naturaleza es pura, podemos purificar estos venenos mentales y transformarlos en medicina. Empezamos reconociendo que el secreto de la iluminación está dentro de nosotros, no fuera. Empezamos confiando en nuestra dignidad interior.

La penetración y sabiduría del Buda siguen siendo medicinas potentes actualmente, siglos después de su muerte. Nada nos impide aplicar los métodos que enseñó para purificar nuestros venenos mentales y transformarlos en sabiduría. Pero el Buda nos enseñó a no creer nunca ciegamente en sus enseñanzas ni en las de ningún otro sistema religioso. Por esta razón hizo hincapié en que debíamos examinar cuidadosamente sus enseñanzas y determinar por nosotros mismos si son verdaderas. Diagnosticó nuestra enfermedad y recetó la medicina. No obstante, depende de nosotros tomar la medicina y comprobar su eficacia.

Los grandes magos

El itinerario que me condujo, desde mi condición inicial de niño inseguro en Nepal, carente de confianza interior, hasta convertirme en un viajero extrovertido con muchos amigos internacionales, no fue una línea recta. A lo largo de este proceso, me acompañó la inspiración de numerosos maestros espirituales del pasado y del presente, cuyas propias historias de vida demuestran que la transformación es posible.

Un estudiante enamorado de la literatura tibetana me dijo en una ocasión: «La literatura tibetana es tan vasta. ¿Qué debo leer?». Le dije: «Lee *namtar*». Un namtar es la historia de la vida de un maestro espiritual consumado. La palabra tibetana namtar se traduce comúnmente como «liberación completa». Un namtar no es una historia de éxito mundano. En su lugar, muestra cómo un maestro espiritual ha cuestionado los valores comunes, se ha embarcado en un camino menos transitado y ha alcanzado la liberación siguiendo los pasos del Buda. Por cautivador que sea, un namtar hace algo más que entretenernos o saciar nuestra curiosidad: nos inspira a emular a los maestros espirituales y conseguir lo que ellos han logrado.

Me encanta leer namtar, especialmente las historias de los mahasiddhas, que son algo parecido a los santos de la tradición cristiana. Considerados los fundadores de la meditación conocida como Mahamudra, los mahasiddhas son personas que, en virtud de la práctica de la meditación, alcanzaron lo que se conoce como *siddhis*. Los siddhis incluyen tanto el logro de la sabiduría como la obtención de poderes milagrosos. Por ese motivo, en ocasiones, también se hace referencia los mahasiddhas como los «grandes magos». La literatura mahasiddha relata la vida de ochenta y cuatro de estos grandes magos. Curiosamente, procedían de todos los ámbitos de la vida. Entre ellos había un ladrón, un mendigo, un filósofo, un jugador, un ermitaño, un cabeza de familia, un príncipe y un campesino. De todo.

Uno de los mahasiddhas más famosos es Milarepa, quien de joven asesinó a varias personas. Un profundo remordimiento y un anhelo profundo por la práctica espiritual le llevó a convertirse en un practicante consumado y en un importante maestro. Otro era un fabricante de aceite de sésamo, un rico comerciante. Llevaba un estilo de vida lujoso e indulgente. Por ejemplo, para cada comida sus sirvientes preparaban un suntuoso festín compuesto por ochenta y cuatro platos principales, doce tipos de dulces y cinco tipos de bebidas. Pero, entonces, conoció a un maestro que le enseño que, aunque vender aceite de sésamo podía reportarle riqueza, no le traería la liberación. El fabricante de aceite de sésamo solicitó instrucciones de meditación, practicó durante nueve años y alcanzó la iluminación.

Podríamos pensar que todos los seres iluminados actúan de la misma manera, pero estos maestros eran muy diferentes entre sí. Tenían personalidades y circunstancias únicas, y se enfrentaron a diferentes retos a lo largo de sus vidas. Sin embargo, había al menos una cosa que tenían en común. No aceptaban nada al pie de la letra solo porque fuera una creencia popular o se hubiera transmitido durante muchas generaciones. Y no aceptaban nada simplemente por la autoridad de otros, incluidos sus propios maestros espirituales. Por el contrario, todos miraban hacia dentro, reflexionando e investigándose a fondo a sí mismos y al mundo fenoménico. De este modo, conectaron con las cualidades que ya poseían y se dieron cuenta de que su naturaleza esencial es inquebrantable.

Algunas personas tienen la idea romántica de que el único camino hacia la liberación es vivir como un yogui en una cueva, con las rodillas doloridas de meditar constantemente con las piernas cruzadas. Por el contrario, los mahasiddhas de estas historias eran en su mayoría cabezas de familia y trabajadores, como la mayor parte de nosotros. Procedían de distintas partes de la India y del Tíbet, vivieron en distintas épocas, y recibieron distintos tipos de formación meditativa. Su realización no surgió de una cultura en particular, ni de una línea de trabajo concreta.

Estas historias muestran algo que la filosofía por sí sola no puede mostrar. Ver cómo personas corrientes, en circunstancias corrientes, han alcanzado logros y se han realizado, nos da una sensación de posibilidad para nosotros mismos. Se convierten en modelos para nuestro propio viaje de transformación y liberación. Para los budistas, otros modelos de conducta son el Buda o Guanyin («el bodhisattva de la compasión»). Para los cristianos, un modelo puede ser Jesucristo, la Madre Teresa, o alguno de los santos católicos. Para los activistas de los derechos civiles, Martin Luther King Jr., Mahatma Gandhi o Nelson Mandela. Recordar las cualidades de nuestros modelos puede inspirarnos a emular su ejemplo.

Pero para emular su ejemplo no serviría de nada intentar parecerse a ellos, hablar su idioma o seguir su profesión. Puedes hacerte rico como fabricante de aceite de sésamo, ¡pero eso no te convertirá en el mahasiddha fabricante de aceite de sésamo!

No se trata de emularlos externamente, sino de aprender lo que cultivaron internamente y luego emular eso.

Un ejemplo vivo

Si las historias legendarias de los maestros del pasado son una fuente de inspiración tan poderosa, ¿cuánto más inspiradores e instructivos son los ejemplos vivos de los maestros contemporáneos que encarnan las mismas cualidades? No solo nos enseñan con el ejemplo, sino también con sus palabras y acciones. Como están aquí, su efecto sobre nosotros es más directo y tangible. Mi abuelo es un ejemplo vivo para mí, sobre todo por lo que me enseñó sobre la dignidad.

Aún recuerdo vívidamente la última vez que visité a mi abuelo.

Fue antes de Losar, el Año Nuevo tibetano, en Nagi Gompa, una ermita de montaña sobre el valle de Katmandú. Mi abuelo residió allí durante treinta y tres años, y enseñó meditación a numerosos estudiantes venidos de cerca y de lejos. Debido al deterioro de su corazón, el cuerpo de mi abuelo era muy frágil. Mi padre quería llevarlo a la ciudad de Katmandú para que lo trataran, pero mi abuelo prefirió quedarse en Nagi Gompa. Durante esta última visita, mi abuelo actuó con amable serenidad, como era habitual, sin rastro de preocupación por su debilidad corporal. No me di cuenta hasta más tarde de que había estado arreglando sus asuntos mundanos y preparando a los demás para su muerte.

Al marcharme, mi abuelo me preguntó: «¿De verdad tienes que irte?».

«Sí, abuelo. Tengo clases en Katmandú», le contesté.

A la temprana edad de quince años, no detecté el indicio de que podía ser la última vez que estuviéramos juntos. Poco después, mientras la gente de Katmandú se preparaba para una gran puja (ceremonia ritual tradicional de oración) para celebrar el Año Nuevo tibetano, mi abuelo falleció en paz, sentado en postura de meditación. La forma en que murió no fue diferente de la forma en que vivió: humilde, estable, pacífica, tranquila, despreocupada, con bondad y compasión, y sin miedo. Su forma de vivir y de morir ejemplificaban cualidades humanas y espirituales extraordinarias. Personificaba lo que más tarde comprendí que era la dignidad.

Aunque mi abuelo fue el primero que me enseñó la dignidad, no lo hizo como una teoría o filosofía. Lo que me enseñó, ante todo, fue su presencia. Las palabras parecen inadecuadas para describir las cualidades que desprendía. No importaba dónde me encontrara, podría sentir la sabiduría, la compasión y la calidez que irradiaba desde su pequeña habitación en la azotea de Nagi Gompa hasta abarcar el mundo entero. Esta experiencia me afectó profundamente y aspiré a ser como él.

Mi abuelo, Tulku Urgyen Rimpoché, era una persona sencilla y humilde. No tenía grandes títulos, nunca llevaba ropa bonita, y siempre se contentaba con poco. Era uno de los pocos maestros de meditación exiliados en Nepal que había recibido una formación completa en el Tíbet. Aunque era conocido como un consumado maestro de meditación, nunca hablaba de sí mismo, ni mucho menos de sus logros. Algunos pueden pensar que las personas que ejemplifican la dignidad deben tener una presencia fuerte, mantener la cabeza alta y erguirse como majestuosos gobernantes, tal y como se retrataba en las películas de Hollywood. Pero mi abuelo no era así en absoluto. Era confiado, pero orgulloso. Era humilde, pero no débil. Era compasivo con los demás, pero no le afligía su miseria. Y lo más normal, ¡nada podía sacudir su corazón ni herir sus sentimientos! Esto no se debía a que fuera insensible o apático. Al contrario, era porque siempre era consciente, no solo de lo que ocurría a su alrededor, sino también de lo que pasaba dentro de su propia mente. Cuando alguien le criticaba, se mantenía firme y estable. Nada podía sacudirle. Cuando le presionaban para que hiciera algo con lo que no estaba de acuerdo, no cedía. Era como un pequeño diamante, que brillaba con naturalidad, firme y fuerte, sin pretensiones y con total conciencia y claridad. Su dignidad era estable e indestructible.

Cuando somos así de firmes y fuertes, no necesitamos validación externa.

Tenía siete u ocho años cuando mi abuelo empezó a enseñarme meditación de la tradición budista tibetana. En aquel momento, no era lo bastante maduro para entender lo que estaba haciendo. Pero al crecer en un entorno rodeado de practicantes del budismo tibetano, he visto y oído hablar de personas que no se inmutan ante la pobreza, el malestar físico, la enfermedad, la muerte o incluso el sufrimiento ajeno. Se trata de modestas amas de casa y ricos hombres de negocios, personas a las que no solemos asociar con logros espirituales. Vi estas cualidades en mis maestros, en mi padre, en mis tíos y en otros auténticos practicantes, en tantas personas con diversidad de carácter, pero que muestran el mismo tipo de solidez que mi abuelo. Son como montañas, firmes e inquebrantables.

Mi abuelo y muchos de mis maestros posteriores me enseñaron que, independientemente del sexo, la educación, la riqueza, el poder o el estatus social, nuestra naturaleza básica es inquebrantable. Por lo tanto, todo el mundo tiene el mismo potencial para desarrollar cualidades iluminadas, y vivir y morir con dignidad. Estar en presencia de ejemplos vivos de dignidad en mis años de formación fue sumamente alentador. Me ayudó a aspirar a vivir una vida digna. Pero ¿cuál es el secreto para llegar a ser como ellos?

Muchos años después de la muerte de mi abuelo, cuando mi experiencia interior y mi experiencia vital habían crecido conjuntamente, aprendí que ser testigo de ejemplos vivos es solo el primer paso para desarrollar la dignidad. Después debemos aprender a experimentar la dignidad directamente, y solo entonces podremos desarrollarla de verdad y experimentar un cambio significativo.

Aprender a conocerme a mí mismo

De pequeño, mi abuelo me educó en privado. Antes de morir, mi abuelo se encargó de que continuara mi educación en el Instituto Dzongsar de Estudios Budistas Avanzados de la India, una respetada institución de educación tradicional tibetana para monjes. Este tipo de formación se denomina *shedra*. Se hace mucho hincapié en la disciplina. Los alumnos estudian un gran número de escrituras budistas tradicionales y a menudo deben memorizarlas. Normalmente, se tardan nueve o diez años en completar la educación.

Shedra era un entorno muy diferente al que conocía en casa. Aprendí mucho. Estudié todo tipo de textos budistas. No era tan diligente como algunos de mis compañeros, pero podía hacerlo bien cuando me esforzaba. Me gustaba hacer nuevos amigos. Mis profesores tenían muchos conocimientos y eran amables. Me encantaban los debates filosóficos, también conocidos como los debates de monjes. En las calurosas y soleadas tardes de la India, con el sudor chorreándonos por la cara, un grupo de compañeros nos dedicábamos a debatir sobre distintos temas de nuestros estudios. Era divertido. Recuerdo una vez en la que, tras pasar horas preparándonos para un debate, vencí los argumentos de mis oponentes. Me alegré mucho. Mi profesor también.

Sin embargo, esa felicidad no duró. Pocos días después, mi profesor me regañó, y yo no entendía por qué lo hacía. Me lo tomé como algo personal. Sentimientos de orgullo, timidez, resentimiento y dolor –combinados con la ansiedad y la soledad de ser un adolescente que vive lejos de casa– surgieron en forma de ira. Era muy difícil.

Cuando era un niño, mi timidez y autoconciencia no era gran cosa y no me causaban ningún problema. Formaban parte de mi personalidad. Pero cuando me fui a estudiar a la shedra, mi timidez y autoconciencia me perseguían como una sombra. Cuando me encontraba con gente nueva, no tenía confianza en mí mismo para hablarles. Cuando iba a la ciudad, siempre pensaba que la gente me miraba y me juzgaba. (Tenía un aspecto diferente con mi túnica de monje). No era libre.

Para compensar mi inseguridad, nacida de la timidez y de la autoconciencia, desarrollé el hábito de hacer cosas para complacer a la gente, deseando secretamente que me quisieran y me aceptaran a cambio. Cuando no se sentían a gusto conmigo o con lo que hacía, me sentía confuso, perdido y disgustado. El incidente con mi profesor es un ejemplo de ello. No sabía cómo entender que me regañara después de haberme esforzado tanto por complacerle. Mi confusión se convirtió en ira, no solo contra mi profesor y contra mí, sino contra todo.

Mi médico tibetano me diagnosticó que padecía mucho «viento» (actividad mental agitada) y me aconsejó que volviera a casa, a Nepal, para descansar durante dos meses. Si esto hubiera ocurrido en el contexto de la cultura occidental actual, mi diagnóstico probablemente habría sido de depresión.

Un giro de 180 grados

Sin saber qué hacer con mi rabia, fui a ver a Nyoshul Khen Rimpoché, mi principal maestro tras el fallecimiento de mi abuelo. Entonces tenía sesenta años y vivía en Bután.

Nyoshul Khen Rimpoché me preguntó: «¿Cuál es el problema con el que estás luchando?».

«Estoy enfadado», le respondí.

Nyoshul Khen Rimpoché continuó: «¿Qué aspecto tiene la ira?».

Su pregunta me dejó perplejo. Abrí mis ojos como platos y alcé la voz para enfatizar mi afirmación anterior: «Estoy enfadado. Y estoy enfadado con *todo*».

«Sí, sí, lo sé». Rimpoché asintió con su habitual amabilidad.

«Pero ¿qué aspecto tiene la ira?», volvió a preguntar. «¿Tiene forma? ¿De qué color es tu ira?».

Mi ira era muy palpable. Podía sentirla cuando brotaba en mi cuerpo. A veces sentía la ira con tanta fuerza que quería gritar. Sin embargo, era incapaz de describir su aspecto, su forma o su color. Nunca había pensado en conocer mi ira de ese modo.

Nyoshul Khen Rimpoché me indicó entonces que me concentrara en la respiración, volviera al momento presente y mirara directamente a mi ira. Para mi sorpresa, en el momento en que miré directamente a mi cólera y traté de encontrar su color y su forma, se disipó lentamente y disminuyó su agarre sobre mí.

Tenía muchas ganas de contarle a Nyoshul Khen Rimpoché por qué estaba enfadado. Estaba enfadado porque mi profesor me había regañado. Estaba enfadado porque no me merecía la reprimenda. Tenía cien razones para estar enfadado. Quería contarle mis historias y mis problemas. Nyoshul Khen Rimpoché se limitó a escuchar en silencio. Él mismo había vivido durante años con una larga enfermedad que le había debilitado mucho la voz, pero que nunca le había agitado ni desanimado. Me susurró: «¿Quién está enfadado?».

«*Yo* estoy enfadado», respondí.

«¿Quién es "yo"?», insistió.

El simple hecho de que Nyoshul Khen Rimpoché redirigiera la pregunta del porqué al quién me cambió inmensamente. Aunque no ocurrió inmediatamente, empecé a darme cuenta de que mi ira no era causada por las condiciones externas, como suele suponer el yo enfadado. En cambio, empecé a darme cuenta de que las condiciones que hacían crecer mi ira eran internas, no externas. Mi ira era mi reacción interna a lo que me había ocurrido. En lugar de centrarme en el objeto externo de mi ira, tuve la oportunidad de conocer mi propia mente. Y ese giro de ciento ochenta grados marcó la diferencia. Fue un componente esencial en el entrenamiento de mi propia dignidad.

Nuestro hábito mental típico es preguntarnos por qué nos ocurren estas cosas y por qué sentimos tristeza, ira y miedo. Desgraciadamente, este enfoque convencional no nos lleva muy lejos a la hora de vernos a nosotros mismos y a los demás con claridad y veracidad. En su lugar, nos centramos en nuestras proyecciones, las cuales a menudo surgen de una imagen interna rota. La pregunta «¿Por qué?» nos mantiene ocupados con esas proyecciones e imágenes, y con las narrativas y fantasías que generan. Esto no nos deja ninguna esperanza de llegar a conocernos como realmente somos.

A menudo, la aparición de una emoción como la ira es una manera de olvidar nuestra profunda baja autoestima, la cual, irónicamente, suele disfrazarse de orgullo. El orgullo y la baja autoestima se alternan, o incluso fluctúan, con gran inestabilidad. En apariencia, una persona orgullosa puede parecer fuerte y dura. En realidad, el orgullo es un signo de vulnerabilidad, no de fortaleza. Cuando nos aferramos a las apariencias de la ira o el orgullo, creamos nuestro propio teatro y quedamos atrapados en nuestras propias historias ilusorias. Es como si estuviéramos viendo una película mientras creemos falsamente que la trama y sus personajes son reales.

Cuando grité a Nyoshul Khen Rimpoché: «Estoy enfadado», me identifiqué explícitamente con mi enfado. Como resultado, mi ira empeoró. Al darle una identidad a mi ira, creé una ilusión. En realidad, yo no soy la cólera, y la cólera no soy yo. ¿Estoy enfadado las veinticuatro horas del día? No, claro que no. Soy mucho más que mi enfado. Entonces, ¿quién está enfadado? O, en otras palabras, «¿quién soy yo?».

Profundamente afectado por las preguntas de Nyoshul Khen Rimpoché, me di cuenta de que habitualmente miro fuera de mí para comprender y lidiar con el sufrimiento, que es, en realidad, obra mía. La clave es mirar dentro, examinar cómo reacciona mi mente frente a lo que ocurre fuera. Así es como empezamos a conocernos de verdad. Cuando aprendí de mis maestros a desarrollar la dignidad mirando hacia dentro, mi baja autoestima se convirtió en objeto de la atención plena. En el pasado, mi baja autoestima era una enfermedad. Ahora se había convertido en un recordatorio de que debo cambiar.

Motivación presente, aspiraciones futuras

Nyoshul Khen Rimpoché era una persona muy humilde. Escapó de la ocupación china de su tierra natal, el Tíbet, a los veintisiete años, en un grupo de unas setenta personas; solo sobrevivieron cinco. Pasó los siguientes veinticinco años en la India, solo y sumido en la pobreza. Nadie le conocía. Más tarde, Nyoshul Khen Rimpoché fue reconocido y venerado como un extraordinario maestro de meditación y erudito, y enseñó a muchos jóvenes lamas tibetanos en la India y Bután. Pero cuando no estaba enseñando, se sentaba por debajo de los monjes y las monjas como una persona corriente. Su humildad era ejemplar. No ser reconocido por los demás no le humillaba. El elevado estatus de maestro realizado no le hacía orgulloso. Siempre fue amable, siempre firme y sólido, nunca se inmutó por nada.

Estar en presencia de personas como mi abuelo Tulku Urgyen Rimpoché y mi maestro Nyoshul Khen Rimpoché me enseñó mucho sobre la dignidad. Tanto en sus palabras como en sus acciones brillaba la dignidad.

En mi caso, las enseñanzas que recibí de estos y otros grandes maestros cobraron más vida cuando experimenté agitación emocional. Experimenté la ira miles de veces. La ira es como la morfina. Puedes sentirte bien durante unas horas, pero cuando se pasa el efecto de la morfina vuelves a sentir el dolor, a veces con mayor intensidad. Cuando reflexiono ahora sobre estas experiencias, puedo ver cómo he cambiado, y me río de mi yo anterior por haber creado emociones que me perturbaban.

Hoy en día, tanto Tulku Urgyen Rimpoché como Nyoshul Khen Rimpoché ya no están físicamente aquí. Pero siguen enseñándome a mí y a todos los que se inspiran en ellos. En un nivel, estos maestros nos inspiran a emularlos, como si pudiéramos imitar lo que ellos han hecho. A un nivel más profundo, nos inspiran porque sus cualidades resuenan con nuestras propias cualidades interiores. En ellos percibimos intuitivamente lo que es posible para nosotros. Vemos que, como ellos, podemos ser seres humanos vibrantes, eficaces y poderosos, y encarnar las cualidades de la compasión, la sabiduría y la dignidad.

Para ser como estos grandes maestros, no podemos simplemente ser como ellos. Tenemos que cultivar las cualidades que ellos poseen. Para cultivar las cualidades de la compasión, la sabiduría y la dignidad, tenemos que comprobar nuestra motivación y tener aspiraciones. La motivación es como un espejo:

refleja tu intención actual. La aspiración es como una puerta al futuro: te conduce a los resultados que deseas alcanzar. Sin motivación, ni siquiera puedes empezar el camino; sin aspiración, sería difícil alcanzar el resultado.

Hace muchos años, cuando visité a Nyoshul Khen Rimpoché en Bután, me dio una enseñanza sobre los cinco niveles de motivación. Extendió los cinco dedos de su mano abierta como una representación visual.

«El primer nivel de motivación es como mi dedo meñique», me dijo. En la cultura tibetana, el dedo meñique se asocia con algo muy bajo. La motivación más baja para la práctica espiritual es querer liberarse del miedo mientras se disfruta del éxito y los placeres mundanos. Por supuesto, cuando estamos enfermos queremos estar bien. Cuando estamos estresados, queremos relajarnos. Cuando tenemos algo negativo en nuestras vidas, queremos librarnos de ello. Queremos tener buena salud y una larga vida de experiencias placenteras. El problema con este nivel de motivación es que mantiene nuestra atención en lo mundano y no en lo espiritual. Seguiremos estando distraídos por el placer a lo largo de nuestras vidas, y no lograremos nada significativo o duradero.

«El segundo nivel es la motivación neutra». Nyoshul Khen Rimpoché se señaló el dedo anular. No es ni positiva ni negativa, ni virtuosa ni no virtuosa. Por ejemplo, cuando unos amigos te invitan a contribuir a una obra benéfica, dices: «Por qué no, haré lo que hacen mis amigos». Aunque hagas algo positivo, lo haces por influencia o presión social más que por una buena intención real.

El tercer nivel, representado por el dedo corazón, es el miedo. Evitas las acciones no virtuosas porque temes ser castigado por ellas. Ahora al menos piensas si tus acciones son positivas o negativas, pero sigues centrándote en el efecto que tienen sobre ti, no sobre los demás.

El cuarto nivel se denomina motivación de «autoliberación», simbolizada por el dedo índice. No solo quieres evitar hacer el mal, sino que también quieres liberarte de todo pensamiento, emoción y acción negativa. El foco sigue estando sutilmente en ti mismo, pero con la intención de eliminar ese foco y alcanzar la libertad.

Nyoshul Khen Rimpoché dio un espaldarazo alzando su dedo pulgar cuando se explayó sobre la quinta motivación: la motivación de la *bodhicitta*. La bodhicitta es el deseo sincero, desde lo más profundo del corazón, de que todos los seres –sin excepción– alcancen el estado de iluminación perfecta. Es decir, la liberación completa del sufrimiento y sus causas. Ahora dejamos de centrarnos solo en nosotros mismos y hacemos nuestra motivación extensiva a todos.

Después de dar la enseñanza, Nyoshul Khen Rimpoché me miró y me preguntó: «De estas cinco, ¿qué motivación debemos tener?».

En palabras de Nyoshul Khen Rimpoché, la quinta motivación –la motivación de la bodhicitta– es la motivación suprema. Bodhicitta es una palabra sánscrita. *Bodhi* suele traducirse como «despertar», y *citta* como «corazón» o «mente». Tener la motivación de bodhicitta –«el corazón despierto»– es tener tanto comprensión como compasión. Comprendemos que todos los seres están conectados con nosotros y que sufren igual que nosotros. Utilizando esta conexión, deseamos sincera y compasivamente el fin de todo ese sufrimiento, así como de sus causas. Cuando combinamos comprensión y compasión, deseamos de forma natural que todos los seres alcancen la iluminación, al igual que el Buda. La motivación de la bodhicitta es transformarnos a través de nuestra práctica para poder ayudar a los demás, no solo a nosotros mismos.

¿Cuál es tu motivación para querer aprender sobre la dignidad? De las cinco motivaciones descritas por Nyoshul Khen Rimpoché, ¿cuál tienes ahora? Por ejemplo, ¿aspiras a ser una persona rica? ¿Cuál es? ¿Cuál sería una aspiración más elevada? No te juzgues ni te menosprecies si tu motivación es simplemente liberarte del dolor o el estrés. No pasa nada. Es bueno que seas sincero contigo mismo y reconozcas dónde estás. Del mismo modo que lleva tiempo convertirse en un buda o un mahasiddha, también lleva tiempo desarrollar una motivación que vaya más allá del propio interés. La clave está en probarte a ti mismo y saber quién eres aquí y ahora.

Tu motivación cambiará cuando adquieras experiencia en el conocimiento de tu propia mente. Además de reflexionar sobre lo que nos motiva en el presente, es importante tener en cuenta nuestras aspiraciones futuras. Los estudiantes en Asia me contaron que una redacción habitual para los niños es responder a la pregunta: «¿Qué quieres ser de mayor?». La mayoría de los alumnos escriben que quieren ser médicos, bomberos, profesores, astronautas, etc. Cuando expresamos aspiraciones, realizamos un ejercicio similar, salvo que, en lugar de centrarnos en una carrera futura, y en «lo que quiero», aspiramos a despertar cualidades que van más allá del mero interés personal. La aspiración es un deseo del corazón, una lámpara que ilumina el propósito profundo de la vida.

Muchos budas y grandes maestros que siguieron los pasos del Buda hicieron aspiraciones extraordinarias, como desear que todos los seres sin excepción estuvieran libres del sufrimiento y sus causas. Un ejemplo inspirador es Tara, célebre buda de aspecto femenino conocida como «la que libera». En una vida anterior, al reconocer que la mayoría de los budas tienen un aspecto masculino, hizo la ferviente aspiración de renacer siempre en forma femenina. En las pinturas, Tara aparece a menudo con una pierna extendida, como si estuviera dispuesta a saltar en ayuda de cualquiera que sufra. Su aspiración es poderosa e inspiradora.

Permítanme utilizar una analogía para ilustrar la importancia de la aspiración. Sin aspiración, somos como un ciego que intenta disparar una flecha a un blanco. Como estamos ciegos, no podemos ver dónde está el blanco. La aspiración es como la vista que nos permite apuntar la flecha. Nos dirige hacia nuestro objetivo. La aspiración y la motivación son necesarias si queremos despertar y llevar una vida con sentido.

FORMACIÓN EN LA DIGNIDAD

Realizar aspiraciones

Tómate un momento a solas y pregúntate cuáles son tus mayores aspiraciones. Para ayudarte en este proceso, aquí tienes diferentes aspectos que puedes considerar.

- Reflexiona sobre quiénes son tus modelos de conducta. Debemos tener mucho cuidado con los modelos de conducta que elegimos.

- ¿Cuáles son las cualidades de tus modelos?
- ¿Qué deberías hacer para parecerte a ellos?
- ¿Cuáles son tus aspiraciones? Puedes empezar cada aspiración con «que pueda» para indicar tu deseo y sueño profundos, el propósito de vida que imaginas.
- ¿Qué obstáculos encontrará tu aspiración, por ejemplo, falta de confianza en ti mismo, falta de disciplina, inseguridad sobre cómo hacer realidad tu aspiración?

De nuevo, este ejercicio es solo para ti. No juzgarte a ti mismo es clave. Cuando activamos nuestra aspiración consciente y continuamente, cambiará y crecerá. A través del entrenamiento en la dignidad que ofrece este libro, puede que descubras tu aspiración –tu deseo profundo, tu sueño– cambia.

Apoyo inspirador

Que yo sea un guardián para los que no lo tienen.
Un guía para los que viajan por el camino,
que me convierta en una barca, una balsa o un puente,
para todos los que desean cruzar el agua.

Que sea yo una isla para los que desean tocar tierra,
y una lámpara para los que desean luz,
que sea yo una cama para los que necesitan descansar,
y un sirviente para todos aquellos que viven necesitados.

Que me convierta en una joya de los deseos, un jarrón mágico,
un mantra poderoso y una medicina maravillosa.
Que sea yo un árbol de milagros que conceda todos los deseos,
y una vaca de la abundancia que sustenta a todo el mundo.

Como la tierra y otros grandes elementos,
y como el espacio mismo, que permanezca para siempre,
para sostener la vida de los seres ilimitados,
proporcionándoles todo lo que puedan necesitar.

Así, en todos los reinos de los seres,
hasta los confines del espacio omnipresente,
que sea yo una fuente de todo lo que la vida requiere,
hasta que los seres trasciendan el dolor del samsara.

SHANTIDEVA[7]

3. Más allá de lo bello y de lo feo

Los seres sensibles son verdaderos budas.
Y, sin embargo, están manchados por oscurecimientos adventicios.
Cuando se eliminan, en verdad son verdaderos budas.

LONGCHENPA[8]

¿Por qué algunas personas parecen buenas y otras malas? ¿Hay personas benévolas por naturaleza y otras intrínsecamente malvadas? O quizá esto sea demasiado simple. ¿Son todas las personas una mezcla de elementos buenos y malos? Al fin y al cabo, incluso las personas más cercanas a nosotros a veces dicen o hacen cosas desagradables, mientras que nuestros mayores enemigos a menudo poseen cualidades innegablemente buenas. Confuso, ¿verdad?

Si los demás nos confunden, ¿cómo nos percibimos a nosotros mismos? Quizá te preguntes: «¿Soy bueno o soy malo?». Quizá te han dicho ambas cosas en tu vida. He oído que en las culturas occidentales es habitual que los padres regañen a sus hijos diciéndoles: «¡Niña mala!», o «¡Niño malo!». Suena doloroso. Por supuesto, es importante enseñar a los niños lo que está bien y lo que está mal, o que han hecho algo que no debían, pero eso es muy diferente de decirles que son «malos». Cuando recibes un mensaje así de la persona más importante de tu mundo, tiende a quedarse grabado. No es de extrañar que tanta gente no confíe en sí misma y esté plagada de dudas.

Una de mis historias favoritas, relacionada con este tema, procede del *Tathagatagarbha Sutra*. La aprendí de un amigo que es profesor de estudios budistas. La historia es la siguiente. Un día, los estudiantes del Buda estaban mirando un campo de flores de loto. Percibieron que algunas de las flores estaban marchitas y eran feas, mientras que otras parecían sanas y hermosas. Mirando más de cerca, se dieron cuenta con deleite de que los hermosos lotos tenían budas en su interior. Pero luego se sorprendieron –incluso se escandalizaron un poco– al descubrir que los lotos feos también tenían budas en su interior. Un estudiante expresó lo que todos pensaban y le dijo al Buda: «Es fácil comprender por qué los lotos hermosos tienen budas en su interior. Pero ¿por qué los lotos feos también tienen budas?».

El Buda respondió: «La apariencia externa de los lotos es como nuestro carácter. Interiormente, la naturaleza básica de todos es pura».

Debo señalar que la «belleza» o «fealdad» de los lotos no tiene nada que ver con los criterios sociales de atractivo. Las personas de carácter virtuosas se manifiestan sanas y bellas como los lotos bonitos. Pero aquellos cuyo carácter está dominado por hábitos y cualidades negativas –lo que el budismo denomina *kleshas* o impurezas– manifiestan las cualidades de una mente que se ha vuelto marchita y fea. Aun así, sea cual sea nuestra apariencia externa, nuestra naturaleza básica en el fondo es la misma. En esta historia, el buda en el corazón de cada flor de loto es una metáfora de la bondad básica de nuestro propio corazón. Independientemente del carácter que lo recubra, nuestro corazón es puro, limpio y libre de defectos. Esto se aplica a cada uno de nosotros sin excepción, y vale la pena repetirlo y recordarlo: *nuestra naturaleza es pura, mi naturaleza es pura, tu naturaleza es pura.*

La mayoría de los budistas están familiarizados con la inspiradora metáfora de la flor de loto que surge del barro para erguirse sobre él, pura, bella e inmaculada. La enseñanza de los lotos feos es menos conocida, pero es verdaderamente significativa para mí. La imagen de una flor marchita y fea con un buda brillante entre sus pétalos afirma la bondad fundamental de nuestros corazones. Algunas personas tienen más compasión que otras. Algunas personas son más emocionales que otras. Algunas personas son propensas a la ira, y otras, a los celos. Los seres humanos tenemos innumerables personalidades y caracteres diferentes. Pero, independientemente de nuestras personalidades o caracteres, en el nivel de nuestra naturaleza fundamental, todos somos iguales. Todos tenemos bondad básica. Todos tenemos en nuestro interior la esencia del despertar o la iluminación. En consecuencia, no somos constitutivamente defectuosos, como a veces creemos; somos inherentemente nobles. Puede que no siempre lo recordemos. Pero el buda que llevamos dentro sabe que somos perfectos.

Permítanme subrayar, una vez más, que en esta historia las palabras «feo» y «bello» no se refieren a juicios condicionados social y culturalmente en relación con la edad o la apariencia externa. Los objetos de nuestros sentidos no son intrínsecamente bellos o feos, aparte de cómo los interpretamos. Lo que hace que un loto sea «feo» o «bello» son las cualidades mentales que se alinean con nuestra naturaleza genuina, o la suprimen. Las flores de loto feas reflejan una mente habituada a emociones negativas como la ira, los celos y la codicia. Estas emociones negativas se llaman «venenos» porque no son naturales. Perturban nuestro estado mental y crean sufrimiento para nosotros mismos y para los demás. Todos conocemos estas emociones, ¿verdad? Cuando las aplicamos repetidamente en respuesta a determinadas circunstancias, se convierten en hábitos. A veces nos habituamos tanto a diversos patrones emocionales que vemos la vida predominantemente a través de sus lentes. Por ejemplo, cuando estamos crónicamente deprimidos, todo es deprimente. Cuando estamos enfadados, vemos a los demás como una amenaza y los convertimos en objeto de nuestra ira.

La buena noticia es que nuestros hábitos mentales negativos son temporales. Pueden cambiar. Pero nuestra naturaleza subyacente es pura e inmutable: esto es el buda en el loto. Nuestra verdadera naturaleza siempre brilla, sin que nada la oscurezca. Los budistas la llaman «naturaleza búdica». Aquí la referencia a «buda» no señala a una persona. Se refiere a la naturaleza pura. Describirla como «pura» significa que está libre de confusión mental u oscurecimientos.

¿Qué hace el conocimiento de que nuestra naturaleza es pura por aquellos de nosotros que una vez fuimos amonestados por ser una «chica mala» o un «chico malo»? Nos ofrece una perspectiva nueva de nosotros mismos, una visión profundamente sanadora. Todos tenemos un buen corazón. Todos tenemos bondad básica. Y nuestro buen corazón es la base sobre la que podemos remodelar nuestro sentido de lo que somos. Es la base de nuestro orgullo vajra, de nuestra dignidad. Cuando dudamos de nosotros mismos, hemos olvidado nuestro buen corazón y perdemos nuestro sentido de la dignidad. Cuando recordamos nuestro buen corazón, recuperamos nuestro sentido de la dignidad. Debemos recordar siempre que somos buenos, aunque cometamos errores. Ser intrínsecamente buenos y cometer errores no es contradictorio. Los errores reflejan simplemente que estamos en un proceso de convertirnos en lo que ya somos; los errores no afectan ni pueden afectar a nuestra naturaleza pura.

El mundo que llevas dentro de ti

En mis viajes de enseñanza he aprendido que muchas personas se identifican fácilmente con su personalidad o carácter, pero tienen dificultades para creer en su budeidad. Están fuertemente habituadas a patrones de pensamiento negativo, combinados con emociones como la ira, los celos, la ansiedad y la insatisfacción. Estos robustos patrones son tan omnipresentes que apenas los reconocen y, cuando lo hacen, se identifican plenamente con ellos. «Yo soy así», insisten. Las cualidades de compasión, sabiduría y dignidad permanecen casi ocultas, aunque surgen fugazmente y aparecen y desaparecen misteriosamente. Estos individuos se sienten alienados de sus buenas cualidades internas, lo que necesariamente significa que están alienados de sí mismos. Pero, por supuesto, su naturaleza pura siempre está ahí, y no puede suprimirse por completo. Muchas personas están ansiosas por aprender cómo pueden cambiar, cómo pueden mejorarse a sí mismas, qué pueden hacer para ser mejores, más fuertes y más felices. ¿De dónde viene esto? De nuestra naturaleza pura.

Todos estamos marcados por nuestro entorno –familia, cultura, sociedad, religión, etc.–, pero, al mismo tiempo, somos individuos incluso antes de que nuestro entorno nos marque. Cada uno de nosotros tiene sus propios patrones de pensamiento, emoción, hábito y comportamiento. En otras palabras, tenemos nuestro propio carácter y personalidad, o lo que podríamos llamar nuestro «yo psicológico». Algunas personas se irritan con facilidad, mientras que otras son pacientes por naturaleza. Algunas personas tienen mal genio, mientras que otras son dulces y amables por naturaleza. Cuando nos convertimos en adultos, llevamos la carga de intentar sintetizar las expectativas y exigencias de nuestra familia, sociedad y cultura con nuestro propio sentido de ser un individuo único. Es muy difícil.

Un estudiante llamado Jimmy dirige un programa de sanación en Indonesia: «Dharmajala». El programa refleja un esfuerzo por aplicar las enseñanzas budistas para aliviar la injusticia y el sufrimiento social, político y medioambiental contemporáneos. Según la investigación de Jimmy y su experiencia en el terreno, gran parte del sufrimiento que padecen las personas refleja la acumulación de experiencias vitales anteriores. Muchas personas de todo el país tuvieron una infancia difícil con padres abusivos o negligentes. Estas personas pueden buscar el apoyo de amigos o compañeros, pero muchos de estos compañeros están lidiando con sus propias heridas, por lo que sus consejos a menudo solo sirven para empeorar las cosas. Otros buscan apoyo en centros comunitarios, iglesias o templos, maestros espirituales o incluso bandas. Algunos encuentran consuelo en estas comunidades, mientras que otros no. La aspiración de Jimmy es proporcionar apoyo a quienes luchan con crisis individuales, familiares y comunitarias, para ofrecerles herramientas para que sean sus «propios terapeutas».

Es útil saber cómo nos moldean la familia y la sociedad, y cómo nacemos con determinadas personalidades. Conocer nuestro yo psicológico es indudablemente muy importante. Sin embargo, en el proceso a veces olvidamos nuestro yo espiritual. Sin conocer la diferencia entre nuestro carácter y nuestra naturaleza, y sin saber que nuestra naturaleza es pura, el cambio podría acabar siendo muy limitado. Por otro lado, si sabemos que nuestra naturaleza es pura, los errores que cometemos, los retos a los que nos enfrentamos y la ansiedad y la duda en nuestra mente pueden darnos un gran estímulo para el cambio. Cuando sabemos que nuestra naturaleza es pura, el cambio no solo es posible, sino deseable. El programa de Jimmy ha sido útil para los indonesios porque integra lo psicológico y lo espiritual en lugar de centrarse en uno excluyendo al otro.

Si nos despreciamos y creemos que somos defectuosos, tenemos poco margen para cambiar y mejorar. Si no reconocemos nuestro buen corazón, es difícil beneficiarnos a nosotros mismos o a los demás. En el budismo se cree que los defectos emocionales que se manifiestan en nuestro carácter son adventicios, lo cual significa que no son intrínsecos, no son la esencia de lo que somos: pueden cambiar. Son como las nubes en el cielo. El cielo se ve afectado por las nubes que pasan flotando. El cielo está siempre ahí, y siempre es el mismo cielo, tanto si tenemos una visión clara de él como si no. Del mismo modo, nuestra naturaleza búdica no se ve afectada por nuestros patrones negativos habituales. Siempre está ahí, y siempre es la misma, tanto si nuestros patrones habituales negativos la obstruyen como si no. Por lo tanto, nuestra tarea es ver más allá de lo que oscurece nuestra naturaleza original, y conectar directamente con ella.

La conclusión es que nosotros no somos nuestros personajes. Puede que hayamos llevado durante mucho tiempo un mundo roto dentro de nosotros, pero esto no es más que un hábito mental arraigado. No es lo que somos. Si nos centramos únicamente en nuestro yo psicológico, nunca estaremos a la altura de las expectativas que la sociedad crea para nosotros, y siempre nos sentiremos enfadados porque el mundo no es perfecto y nosotros somos defectuosos. Entonces veremos el mundo en términos de yo y otro, de bien y mal. Este tipo de pensamiento dualista se produce cuando nos distraemos de nuestra naturaleza: hemos olvidado quiénes somos en realidad.

La mente y su naturaleza

Todo el camino budista puede dividirse en dos categorías: la mente y su naturaleza. Aunque se trata de categorías separadas, la mente es, por supuesto, inseparable de su naturaleza, del mismo modo que una ola es inseparable del océano. En el budismo, «mente» se refiere a los pensamientos, emociones y sensaciones que pasan por nuestra mente consciente. La «naturaleza de la mente» es la conciencia misma. Como ves, es realmente como la ola y el océano. Es bastante sencillo y lógico, ¿verdad?

Si queremos contemplar el océano, debemos dejar de jugar con las olas y adoptar una visión más amplia. Del mismo modo, si queremos ser conscientes de nuestra verdadera naturaleza, debemos dejar de identificarnos con la corriente constante de actividad de nuestra mente y adoptar una visión más amplia. ¿Por qué? Como hemos visto, tendemos a pensar que esta actividad es lo que somos. Mientras nademos en las olas de nuestra mente, nunca experimentaremos su inmensidad y profundidad. Para obtener esta perspectiva más amplia, debemos aprender a conocer nuestra mente.

Aprender a conocer nuestra mente requiere que dejemos de vernos a nosotros mismos como deficientes. Irónicamente, hacerlo exige que examinemos nuestros defectos para poder abordarlos y superarlos. Pero esto es difícil, ¿verdad? Si nos sentimos deficientes, ¿cómo vamos a examinar con honestidad nuestros patrones habituales negativos? Puede darnos bastante miedo, incluso terror. Por lo tanto, es útil recordar, una vez más: *Tu naturaleza es pura*. Tú no eres tus defectos. Esta reafirmación puede ayudarnos a mirar, y, finalmente, el beneficio que experimentemos al mirar nos animará a seguir adelante. Ahora estamos conociendo nuestra mente.

En este proceso de conocer nuestra mente, una de las preguntas más importantes que debemos hacernos es hasta qué punto somos bondadosos. Pero primero debemos saber qué es la bondad.

«¿La bondad es amor propio?».

Un joven planteó esta cuestión tras una charla que di en el Reino Unido.

«Sí y no», dije. «La bondad es amor, pero es amor sin centrarse en uno mismo. La bondad es amor y cuidado sin ego».

La bondad es una de las cualidades positivas más básicas que todos compartimos como seres vivos. No es una idea. Es una experiencia de lo bueno en nosotros mismos y en los demás.

Si creamos una distinción artificial entre el yo y el otro, entonces la bondad, o el amor, desaparece. Tú tienes una mente, y yo tengo una mente, y su naturaleza es la misma. Esta es nuestra base común. No importa cómo miremos, hablemos o pensemos. Nuestra naturaleza no tiene pasaporte. Un británico tiene pasaporte británico, y alguien nacido en Nepal, como yo, tiene pasaporte nepalí. Ahí sí hacemos una distinción. Pero no hay distinción en lo que respecta a la naturaleza de la mente. Un pasaporte tiene la foto de un rostro que cambia con el tiempo. Un pasaporte tiene el nombre que te dieron arbitrariamente. El aspecto de tu cara en un momento dado no es tu naturaleza. Y tu nombre no es tu naturaleza.

El Buda enseñó que todos los seres tienen la naturaleza del buda. Esta es la base de la bondad, la sabiduría y la dignidad. Saber esto es también la base para reconocer que todos somos iguales. Y es la base de la verdadera dignidad. Si no sabemos que los demás tienen la misma naturaleza que nosotros, es posible que no los respetemos. Siempre haremos comparaciones y pensaremos que los demás son superiores o inferiores a nosotros. Este tipo de juego de comparaciones nos impide conocer nuestra mente –sus debilidades y fortalezas– y nos distrae de nuestra naturaleza.

Cultivar la dignidad requiere que veamos lo fuerte y poderosa que es esta mente, pero también lo frágil que es. La mente es el factor determinante más poderoso de nuestra experiencia, porque puede transformar la felicidad en tristeza y la tristeza en felicidad en una fracción de segundo. Pero cuando ese cambio se produce de repente y sin nuestro control, nuestro estado de ánimo se vuelve muy frágil. Podríamos compensarlo intentando fortalecer nuestra mente, pero en lugar de eso se vuelve rígida como una tabla. Puede que estemos apegados a la foto de nuestro pasaporte que nos hicieron cinco años antes, pensando que ese sigue siendo nuestro aspecto actualmente. Lo cierto es que ya no tenemos exactamente ese aspecto. Siempre estamos cambiando, y nuestra experiencia siempre está cambiando.

Nuestros sentimientos cambian, nuestras emociones cambian, las condiciones cambian y nuestros cuerpos cambian. Nuestras percepciones también cambian. Es importante evitar que nuestra mente se vuelva rígida. Debemos mantener nuestra mente flexible y firme. De lo contrario, seremos vulnerables a muchos altibajos ante las condiciones externas.

Es útil tener cierta familiaridad con el tema de la naturaleza búdica. Sin una comprensión, al menos intelectual, de la naturaleza de la mente, es muy difícil cultivar la dignidad y experimentarla realmente. De nuevo, la naturaleza búdica no tiene nada que ver con ser budista. Es simplemente nuestra naturaleza despierta. Todos los seres con mente –a menudo denominados «seres sensibles» o «sentientes»– tienen la misma naturaleza básica del buda. Esto incluye no solo a los seres humanos y a los animales, sino incluso a los seres que no podemos ver con nuestros limitados sistemas sensoriales.

La propia naturaleza búdica se compara a menudo con el espacio, porque es vasta y expansiva. Y en la tradición budista se dice a menudo: «Hay seres sensibles en todo el espacio». Puesto que todos estos seres sensibles tienen la naturaleza búdica, esta se extiende por todas partes. Siempre está con nosotros, pero no somos conscientes de ello. ¿Por qué no la reconocemos? ¿Por qué un pez no es consciente de que nada en el agua? A menudo pasamos por alto el entorno natural en el que nadamos o, en nuestro caso, nos movemos. Por ejemplo, no solemos darnos cuenta del aire que respiramos hasta que hay un problema. Los seres humanos tenemos la suerte de poseer la inteligencia necesaria para descubrir el aire y estudiarlo. Del mismo modo, somos afortunados por tener la inteligencia suficiente para poder descubrir la naturaleza búdica y darnos cuenta de ella.

¿Por qué es tan importante descubrir nuestra naturaleza búdica? Debemos conocer nuestra naturaleza pura e inherente si queremos estar plenamente arraigados. Cuando hayamos vuelto a nuestra tierra primordial, no perturbaremos nuestra propia mente, ni la de los demás. No seguiremos las ideas de lo que debemos ser; simplemente seremos lo que realmente somos y siempre hemos sido. ¿Cómo lo hacemos? Es muy sencillo: debemos llegar a conocer tanto nuestra mente como la naturaleza de nuestra mente.

Conocer nuestra mente

El primer paso en el proceso de conocer nuestra mente y su naturaleza es conocer el estado actual de nuestra mente, saber qué pensamientos y emociones nos impiden estar contentos y felices. Llegar a conocernos de este modo es importante. Pero el mero hecho de saberlo no hace desaparecer la confusión.

A continuación, debemos aplicar métodos para liberar la confusión de nuestra mente. Una vez que la confusión desaparece, la sabiduría de la mente brilla de forma natural y las cualidades de vacuidad, claridad y compasión se hacen presentes de forma natural. La ausencia de confusión es el estado despierto. Hay una forma común de expresar esto en el budismo: cuando reconocemos nuestra propia naturaleza innata, somos un buda. Cuando no la reconocemos, somos un ser sentiente.

Saber que nuestra naturaleza es pura nos da una profunda y duradera sensación de seguridad, independientemente del caos que pueda haber en nuestro entorno. Esta profunda sensación de seguridad proporciona una base firme sobre la que podemos activar nuestra motivación para beneficiar a los demás. También proporciona combustible para esa motivación. Sabiendo que nosotros y todos los demás tenemos la misma naturaleza pura, y reconociendo lo maravillosa que es esa naturaleza pura, nos sentimos naturalmente movidos a ayudar a los demás a verla por sí mismos.

Por desgracia, no siempre creemos que nuestra naturaleza sea pura, buena y bella. Quizá a veces sí. Pero cuando las dificultades de la vida nos traen pensamientos y sentimientos negativos, tendemos a recurrir a nuestra habitual baja opinión de nosotros mismos. En esos momentos, olvidamos quiénes somos realmente. Sentimos una sensación diferente de seguridad, la seguridad que depositamos en las ideas y emociones que utilizamos para distraernos de lo que realmente sentimos. Dicho de otro modo, encontramos cierto consuelo en la familiaridad con nuestro malestar. Obviamente, esta no es una buena estrategia a largo plazo si queremos una felicidad auténtica. Para conseguir una felicidad duradera y una dignidad estable, necesitamos desarrollar una nueva habilidad. Y esto empieza con una nueva visión de nosotros mismos y de los demás.

FORMACIÓN EN LA DIGNIDAD

Un nuevo mantra

Las cosas que decimos repetidamente a lo largo de nuestra vida cotidiana conforman lo que somos. Normalmente, no prestamos atención al parloteo constante de nuestra mente. ¿Qué tipo de cosas te repites cada día? ¿Te ayudan estos mensajes a ser más abierto, cariñoso y sabio contigo mismo y con los demás? ¿O te generan miedo y aprensión, o quizá ira, ansia, celos o arrogancia? Examínate. Si lo que repites en tu mente una y otra vez inhibe tu amor, compasión, sabiduría y dignidad, entonces es hora de desarrollar un nuevo hábito, una nueva habilidad.

Podemos hacerlo recitando un mantra en lugar de nuestro parloteo mental habitual, gran parte del cual se basa en las ideas negativas que tenemos sobre nosotros mismos. El principio de recitar un mantra no difiere de cualquier otra habilidad nueva que desarrollemos, ya sea aprender a hablar chino, mandarín o a tocar el piano. Debemos practicar repetidamente. Dominar cualquier habilidad nueva requiere repeticiones interminables, así que ¿por qué iba a ser diferente transformar nuestra mente?

En la tradición budista, los mantras se recitan para proteger la mente de caer en la negatividad. Mantra es una palabra sánscrita que combina *manas*, que significa «mente», y *tra*, que significa «proteger». Así que mantra significa «protector de la mente». ¿De qué necesita protegerse la mente? De los pensamientos y emociones negativos. Mi abuelo Tulku Urgyen Rimpoché dijo una vez: «Cuando recitamos mantras, no estamos diciendo nada negativo». En otras palabras, recitar mantras es una forma de contrarrestar eficazmente nuestra tendencia habitual a hablar en términos negativos. Cuando nuestro mantra transmite un mensaje positivo, estamos sustituyendo un mensaje negativo por uno positivo.

Normalmente, cantamos o recitamos un mantra concreto muchas veces. Por lo tanto, mantra también implica repetición. Los mantras que recitan los practicantes budistas suelen consistir en sílabas sagradas. Se consideran sagradas porque llevan la energía iluminada de todos los practicantes altamente realizados que las han recitado en el pasado. Cuando recitamos mantras sagrados, resonamos con la misma energía vibratoria, como incontables seres iluminados.

Pero el mantra que cantamos no tiene por qué estar en sánscrito ni proceder de una tradición concreta. Lo más importante es que tenga un significado y un propósito intencionados. Por ejemplo, podemos desarrollar un mantra para recordarnos constantemente nuestras intenciones más íntimas y nuestra verdadera naturaleza. Luego podemos recitar este mantra en cualquier lugar y en cualquier momento: cuando caminamos, cuando cocinamos, cuando lavamos los platos, cuando conducimos, cuando viajamos en avión. De este modo, evitamos que nuestra mente olvide y vuelva a caer en sus patrones habituales de pensamientos negativos y emociones fuertes.

Puedes empezar esta práctica recitando el siguiente mantra:

La naturaleza de mi mente es pura; la naturaleza de todos los seres es pura.

Recitar mantras es una práctica sencilla, pero poderosa. Es una forma de meditación que te protege de la distracción. También es una forma de oración, aspiración y purificación. Recitar mantras es prestar atención. Por encima de todo, recitar mantras es un método que puede llevarte a la realización de tu naturaleza más profunda.

Si no creyeras que tu naturaleza es pura, estarías perdiendo la esencia de tu dignidad, la naturaleza de lo que eres. La próxima vez que percibas una autonarrativa negativa, como «no soy lo bastante bueno», «me odio» o «soy estúpido», intenta volver suavemente a tu nuevo mantra. Recuérdalo y repítelo una y otra vez: «La naturaleza de mi mente es pura; la naturaleza de todos los seres es pura». Después de practicar así durante un rato, toma conciencia de lo que experimentas. ¿Ves que tu carácter (regido por los hábitos) y tu naturaleza (la esencia de lo que eres) no son lo mismo? Puede que empieces a ver que, cuando tu mente no está preocupada por menospreciarte a ti mismo (o a los demás), experimentas un poco de claridad, frescura y apertura en tu corazón. Pruébalo y compruébalo por ti mismo.

Apoyo inspirador

Cualquier cosa que vemos, pensamos que se ve a través de los ojos, pero en realidad se ve a través del poder de la mente no obstruida, de la conciencia inmaculada.

Cualquier cosa que oímos, pensamos que se oye a través de los oídos, pero en realidad se oye a través del poder de la mente sin obstrucciones, de la conciencia inmaculada.

Cualquier cosa que olemos, pensamos que se huele a través de la nariz, pero en realidad se huele a través del poder de la mente sin obstrucciones, de la conciencia inmaculada.

Cualquier cosa que saboreamos, pensamos que se saborea a través de la lengua, pero en realidad se saborea a través del poder de la mente sin obstrucciones, de la conciencia inmaculada.

Cualquier cosa que sentimos, pensamos que se siente a través del tacto, pero en realidad se siente a través del poder de la mente no obstruida, de la conciencia inmaculada.

THINLEY NORBU RIMPOCHÉ[9]

4. Tres maestros de meditación

Te he mostrado el camino hacia la liberación.
Pero la liberación depende solo de ti.
EL BUDA[10]

Ahora que nos damos cuenta de que nuestra naturaleza es pura –que somos el buda en el loto– podemos empezar a ir más allá de la comprensión intelectual para cultivar una experiencia viva de esta naturaleza. Al reconocer directamente nuestra naturaleza, creamos las condiciones para vivir una vida digna. ¿Cómo lo hacemos? Mediante la meditación. Aprender a meditar correctamente requiere la ayuda de tres maestros. El primero es el maestro humano que nos muestra el camino, y los otros dos son guías interiores que nos ayudan en el camino.

Maestro humano: amigo espiritual

El papel del maestro humano es recordarnos nuestra mente y su naturaleza. En la tradición budista tibetana, el maestro es considerado un «amigo espiritual», alguien que ha hecho él mismo el viaje y es capaz de guiarnos cuando viajamos a lugares desconocidos. Imagina que estás cruzando un ancho océano sin nadie que dirija el barco o se ocupe del viento, las olas o las corrientes peligrosas. El océano es tan vasto que sin un capitán te perderías y nunca llegarías a tu destino. Del mismo modo, nuestra mente es como un vasto océano en el que debemos encontrar nuestro camino. El capitán que guía nuestro viaje es nuestro amigo espiritual, y el barco que nos llevará a casa son las enseñanzas de nuestro amigo sobre la mente. Este maestro está muy familiarizado tanto con el «barco» como con el «océano» y puede guiarnos para que reconozcamos nuestra mente, sus actividades, su naturaleza y sus cualidades inherentes.

Mis primeros maestros, entre ellos mi abuelo y Nyoshul Khen Rimpoché, nunca me dijeron lo que tenía que hacer para desarrollar la dignidad. Al contrario, me mostraron un camino que debía explorar por mí mismo. Mi abuelo me enseñó que, por muchas enseñanzas que recibamos, ni las enseñanzas ni los maestros resolverán nuestros problemas; el verdadero cambio solo se produce con la experiencia directa que adquirimos practicando las enseñanzas. Utilizaba una analogía para subrayar lo importante que es la experiencia directa en nuestro camino hacia el despertar. Dijo:

> Podemos mirar un plato de comida e imaginarnos a qué sabe. Y podemos pensar: «Mmm, me lo estoy comiendo. Ya no tengo hambre». Podemos hacer esto durante mucho tiempo, pero mientras siga siendo imaginario, no aliviará nuestra hambre. La única forma de aliviar el hambre es llevarse comida a la boca.

Entonces mi abuelo enfatizó: «La experiencia solo se da de forma directa, en la realidad práctica, no a través de una teoría sobre el gusto». En otras palabras, aunque el intelecto es importante, no basta para cultivar nuestra dignidad. Debemos meditar. El conocimiento sobre nuestra mente tiene poco poder por sí mismo para transformar nuestra ira o depresión.

Como el maestro humano solo puede mostrarnos el camino, dejándonos hacer el trabajo a nosotros mismos, necesitamos una guía adicional cuando estamos sentados en nuestro cojín de meditación. Mis maestros me explicaron que hay otros dos tipos de maestros en los que debemos confiar. Son el maestro interior y el maestro último. El maestro humano nos indica la dirección correcta, y luego utilizamos la guía que surge directamente de nuestra experiencia personal para llegar hasta el final.

Maestro interior: atención plena (mindfulness)

Nuestro segundo maestro, el maestro interior, es la atención plena. La atención plena (mindfulness) es el mejor regalo que podemos hacernos a nosotros mismos y a los demás. En un nivel, mindfulness significa «recordar». Recordamos lo que se supone que debemos hacer. En otro nivel, mindfulness se refiere a la conciencia de lo que está ocurriendo en el momento. Así, la atención plena actúa como un pilar que nos arraiga en nuestra experiencia vivida inmediata. Con la atención plena, conocemos el estado de nuestra mente. Vemos claramente qué actividades desencadenan nuestras emociones y nos perturban. Con mindfulness, podemos recordarnos a nosotros mismos que debemos transformar nuestro comportamiento mental y profundizar y expandir continuamente nuestras buenas cualidades inherentes. La atención plena es la herramienta mediante la cual podemos estabilizar nuestro reconocimiento del estado de nuestra mente, sus actividades, su naturaleza y sus cualidades inherentes.

El maestro supremo:
la naturaleza de la mente

El tercer maestro, el maestro supremo, va más allá de la atención plena. Es la naturaleza misma de la mente, nuestro verdadero hogar y la base de la dignidad. ¿Cuál es la naturaleza de la mente? Es una conciencia abierta, vasta e inmutable, rica en cualidades de amor, compasión y sabiduría. Esta conciencia está siempre presente, aunque nuestra absorción en pensamientos, emociones y sensaciones suele oscurecerla. Como la conciencia está siempre presente, opera continuamente bajo la superficie, guiándonos para hacer lo correcto. Por ejemplo, hay veces en que nos sentimos tentados de hacer algo, y quizá no se nos ocurre una buena razón para no hacerlo, pero en el fondo sabemos que está mal. Tenemos un conocimiento intuitivo, una sabiduría interior que nos guía. En este sentido, la conciencia, la naturaleza de nuestra mente, es el maestro definitivo.

Como he mencionado antes, cuando Siddhartha Gautama alcanzó la iluminación para convertirse en el Buda, se dio cuenta de que esta conciencia inmutable, o naturaleza búdica, está presente en todo el mundo. Es lo que realmente somos. Permanece latente en nosotros, del mismo modo que la mantequilla está latente en la leche. Si te doy leche, al principio no verás la mantequilla. Pero si agitas la leche –realmente agítala, agítala, agítala–, entonces la mantequilla empezará a aparecer. Cuando trabajamos para transformar nuestra mente ordinaria de pensamientos y emociones, la naturaleza genuina de la mente comienza a revelarse, incluidas sus cualidades inherentes de amor, compasión y sabiduría. Esta naturaleza es el buda en el corazón de nuestro loto, la perfección que ya somos y la fuente profunda de nuestro interés por el camino espiritual. Es nuestro maestro definitivo.

Antes, cuando dije que el papel del maestro es recordarnos nuestra mente y su naturaleza, probablemente pensaste que solo me refería al maestro humano. Pero podría haberme referido a cualquiera de los tres. De hecho, estos tres maestros son inseparables. El primer maestro, el maestro humano, no nos enseña nada externo o ajeno a nosotros. El propósito de este maestro es simplemente mostrarnos nuestra mente, su naturaleza básica, y cómo estar en contacto con ella. De este modo, llegamos a comprender y apreciar la naturaleza perfecta y plenamente despierta que siempre está presente en nosotros. El segundo maestro, la atención plena, nos recuerda que debemos permanecer en contacto con esta naturaleza. A través de la atención plena, observamos cómo está nuestra mente. ¿Está la mente en paz o perturbada? ¿Qué actividades la desencadenan? ¿Cuáles son nuestros hábitos mentales? ¿Cómo podemos transformarlos? La capacidad de atención plena está ya en nosotros. El tercer maestro, la naturaleza de la mente, es nuestro verdadero hogar, la culminación de nuestro camino y su fuerza motriz. Nos llama constantemente a casa.

Aprender a meditar

Ver la inseparabilidad de los tres maestros de este modo es la base de la meditación y la transformación: después de reconocer la naturaleza de nuestra mente con la ayuda de nuestro primer maestro (humano), nuestro segundo maestro (la atención plena) nos mantiene en contacto con ella, mientras que nuestro tercer maestro (la naturaleza de la mente) nos revela sus riquezas. Cuando podemos reconocer y mantener nuestra verdadera naturaleza con certeza, tenemos dignidad, y esta dignidad se expresa en nuestras vidas sin esfuerzo. Estamos arraigados en una naturaleza genuina con la que antes habíamos perdido el contacto, pero de la que nunca nos hemos separado en última instancia. Por tanto, la verdadera dignidad no es algo que aprendamos en una clase o leyendo un libro. Hay que experimentarla y encarnarla.

Para experimentar y encarnar nuestra dignidad, debemos llegar a conocer tanto nuestro loto como nuestro buda interior. Debemos conocer nuestro carácter y sus pautas habituales, y reconocer que no son lo que realmente somos. Debemos llegar a saber que nuestra naturaleza es pura y adquirir experiencia y confianza en ello.

Es posible que, de vez en cuando, nos demos cuenta de que somos infelices, estamos insatisfechos, ansiosos o enfadados.

Prestar atención a estos sentimientos refleja una expresión temprana de la conciencia. Puede incomodarnos ver nuestro propio «loto feo», pero hacerlo encierra un enorme potencial de transformación. Recuerda que nuestra naturaleza real es pura. Animados por esta comprensión, podemos armarnos de valor para examinar cualquier cosa que surja en nuestra mente, sin juzgarla y con atención plena. Si tenemos atención plena, veremos que la energía que da lugar a la ira y a otras emociones negativas tiene sabiduría, y que la sensación subyacente de inseguridad que sentimos no es necesariamente algo malo.

Con entrenamiento y práctica, la atención plena puede devolvernos a nuestro verdadero hogar: nuestra bondad fundamental e inmutable, nuestro maestro innato y último. Lo que enseñan los tres maestros es cómo, para convertirnos en dueños de nuestra propia mente, dejar de ser esclavos de nuestro carácter. Todo el mundo puede practicarlo y experimentar sus resultados.

Dado que algunos de nuestros hábitos son extremadamente fuertes, puede llevarnos un tiempo aflojar su control sobre nosotros para relajarnos en nuestra dignidad interior, arraigada en nuestra mente de sabiduría natural. Te animo a que te tomes tu tiempo y procedas gradualmente. La siguiente meditación de entrenamiento de la dignidad está diseñada para ayudarte a dar estos pequeños pasos para liberarte de los patrones habituales que te perturban. Con el tiempo, te volverás firme ante cualquier circunstancia que se te presente.

FORMACIÓN EN LA DIGNIDAD

Postura de meditación

Al seguir la formación es importante tener en cuenta que la dignidad no es una posesión ni otro objetivo que alcanzar en la vida. El único propósito del entrenamiento en dignidad es potenciar lo que ya tenemos: estabilizar nuestras mejores cualidades humanas para que podamos ser la sabiduría que conoce, la compasión que ama y cuida, y el poder que nos protege y beneficia a nosotros mismos y a los demás.

Hay una forma concisa de pensar en la relación entre el cuerpo y la mente en la meditación:

El cuerpo en el cojín.
La mente en el cuerpo.
La mente en reposo.

La meditación es solo uno de los muchos métodos para desarrollar la dignidad. Pero como es la puerta principal para conocer nuestra mente y reconectar con nuestra naturaleza intrínseca y pura, la meditación es imprescindible en el entrenamiento de la dignidad. Como se introdujo anteriormente, la meditación debe ir precedida de la contemplación y la reflexión sobre nuestro carácter básico, nuestra motivación y nuestra aspiración.

En tibetano, la palabra para meditación es *gom*, que significa «familiarizarse».

La meditación nos ayuda a familiarizarnos con lo que realmente somos, a reconocer y recordar que nuestra naturaleza es pura. No importa cuántos libros leamos o cuántas grandes enseñanzas recibamos, estas son limitadas a la hora de ayudarnos a desarrollar la dignidad. Pero a través de la meditación, podemos experimentar genuinamente la dignidad desde el fondo de nuestro corazón.

- Empieza sentándote en un cojín cómodo o en una silla. Deja que tu cuerpo se relaje con la columna recta, pero no tensa. Sentarse recto permite que la energía fluya más libremente por el cuerpo, lo cual agudiza la conciencia.
- Los ojos pueden mirar hacia delante, hacia arriba o hacia abajo; pueden moverse o parpadear cuando sea necesario. En algunas tradiciones, los practicantes cierran los ojos para calmar la mente. Aquí se trata de despertar y agudizar la mente. Se trata de tomar conciencia, no de relajarse, así que lo mejor es mantener los ojos abiertos. Si te resulta difícil mantener los ojos abiertos, baja la mirada.
- La barbilla debe estar un poco hacia abajo, con la cabeza siempre en la misma posición.
- Abre ligeramente la boca para respirar tanto por la nariz como por la boca.
- Deja que tu respiración fluya de forma natural; no controles ni alteres tu respiración.
- La mente debe permanecer en el cuerpo y no vagar

por distintos lugares o épocas. Si tu cuerpo está en Nueva York, pero tu mente está en Londres, no estás meditando. La mente se distrae fácilmente con recuerdos del pasado o con planes para el futuro. Cuando esto ocurra, no te juzgues a ti mismo, simplemente trae suavemente la mente de vuelta al cuerpo en el momento presente.

Cuando la mente está en el cuerpo, y el cuerpo está relajado, la mente puede descansar en su estado natural, un estado que es inherentemente tranquilo y claro. Un principio clave de la meditación es mantener el equilibrio para que el cuerpo y la mente no estén ni demasiado tensos ni demasiado relajados. Es como el tiro con arco, un deporte que me gusta mucho. Para lanzar flechas con un arco, hay que permanecer quieto y concentrado, ni demasiado tenso ni demasiado relajado, consciente pero no tenso. Es manteniendo una concentración relajada como se puede dar en el blanco. Hay que esforzarse un poco, pero no demasiado, y nunca hay que apegarse a los resultados.

Meditación de concentración suave

- Una vez que adoptes una postura cómoda de meditación, centra suavemente tu atención en el objeto o imagen que hayas elegido. El objeto puede ser una flor, una piedra o la punta de un bolígrafo. La imagen puede ser una foto.

- Puede que al principio te cueste no hablar ni mover el cuerpo, pero con el tiempo te resultará más fácil permanecer en silencio y quieto. Si notas que tu mente se ha distraído –ya sea por algo externo en tu entorno o, más comúnmente, por tu propio proceso de pensamiento errante–, eso es maravilloso. Al darte cuenta de ello, has aumentado tu conciencia. No sigas la distracción, pero tampoco luches contra ella. Vuelve a centrar tu atención en el objeto que has elegido.
- Llevar la mente hacia atrás repetidamente refuerza la atención plena y la concentración.

El objetivo de esta meditación de concentración suave es aportar la calma y la claridad necesarias para ver cómo surgen y se disuelven los pensamientos. Serás más consciente de tus procesos mentales y de cómo influyen en tu forma de hablar y actuar. Esto aumenta tu capacidad de autorreflexión y te hace menos propenso a juzgar.

El valor de la meditación de concentración suave no reside en su duración ni en el grado de relajación. El objetivo es una mente fresca y clara. Así que, al principio, hacer solo unos minutos de meditación cada vez y repetirla muchas veces a lo largo del día asegurará un progreso más rápido. La combinación de repetidos momentos frescos es especialmente beneficiosa para los meditadores principiantes.

Apoyo inspirador

Para disciplinar tu mente y tener concentración necesitas convertirte en tu propio maestro. Un maestro hábil puede darte directrices e instrucciones para ayudarte, pero la verdadera disciplina y concentración deben venir de ti mismo. Los apoyos o fuerzas externas no pueden dominar tu mente y proporcionarte una buena concentración.

KHENCHEN PALDEN SHERAB RIMPOCHÉ
y KHENPO TSEWANG DONGYAL RIMPOCHÉ[11]

Parte dos:
Puedes cambiar

Aquel que carece de orientación propia
y más tarde posee atención plena
es como una luna radiante que se libera de las nubes.
NāGāRJUNA[12]

5. Haciendo amigos con la «mente pegajosa»

Llegar a estar «despierto» implica ver
Nuestra confusión con mayor claridad.
CHÖGYAM TRUNGPA[13]

Siempre me ha gustado visitar Jackson Hole, en Wyoming. Es un lugar de bellos paisajes naturales, y allí di mi primera clase tras terminar mis estudios formales en la India. He hecho muchos buenos amigos en Jackson Hole a lo largo de los años, e intento pasar por allí siempre que puedo. En mi última visita, almorcé con unos amigos en un restaurante de la pintoresca Town Square. Después del almuerzo vi un hermoso perro fuera del restaurante. Parecía un husky siberiano. Como me gustan los perros, quise saber si realmente era un husky siberiano. Así que le pregunté a la dueña del perro: «¿Qué es eso?».

«Es un perro», respondió la dueña, poniendo los ojos en blanco.

Al darme cuenta de que mi pregunta no era clara, la reformulé: «¿Qué clase de perro es?».

La dueña se encogió de hombros y murmuró algo que no pude entender. Intuyendo que estaba irritada y que no le interesaba mantener una conversación, le dije: «De acuerdo», y me marché.

Cuando los demás no responden positivamente a nuestros intentos amistosos de entablar una conversación, podemos simplemente darnos cuenta de ello con naturalidad y pensar: «Solo intentaba mantener una conversación, pero ella no ha querido». O puede que nos preocupemos por la otra persona y pensemos: «Pobrecita, debe de tener un mal día». Quizá lo más común es que la experiencia provoque una respuesta emocional en nosotros: «¡Es una maleducada!». Este último ejemplo indicaría que nos tomamos las cosas como algo personal y sacamos conclusiones precipitadas. Es muy tentador, pero la realidad suele ser distinta de lo que suponemos. Lo que aparece ante nuestros ojos rara vez nos da la imagen completa. ¿Sabemos acaso por qué motivo el dueño del perro estaba malhumorado aquel día? En absoluto, ¿verdad? Debemos tener en cuenta su situación y reconocer que no tenemos toda la información. En otras palabras, debemos intentar mirar bajo la superficie y no tomar las cosas al pie de la letra.

Pero ¿cuántos de nosotros, cuando nos encontramos en una situación de este tipo, tenemos el tiempo, el espacio mental y la compostura para responder de forma consciente, deliberada y hábil? En lugar de una respuesta tranquila y abierta, estas situaciones suelen provocar una reacción automática y compulsiva. Cuando nuestra mente está en calma y estable, nos sentimos felices y respondemos a las situaciones con serenidad. Cuando nuestra mente está irritada e inestable, nuestros sentimientos cambian rápidamente, pasando de la felicidad a la tristeza en un instante. Entonces reaccionamos de un modo del que luego nos arrepentiremos.

Al día siguiente, impartí una clase durante un retiro de meditación en las majestuosas Montañas Rocosas. Conté a los participantes la historia de mi encuentro con el dueño del perro. En cuanto empecé a hablar, supe que no me había librado al cien por cien del incidente. Sinceramente, el incidente no me molestó ni afectó a mi estado de ánimo; seguí con mi día como si no hubiera pasado nada. Pero el hecho de que lo recordara y luego contara la historia desveló una forma muy sutil de aferramiento apenas detectable, pero que acechaba bajo mi conciencia. Llamo a este tipo de aferramiento «mente pegajosa».

A menudo, la mente pegajosa no es tan sutil. En lugar de limitarnos a recordar un incidente, como hice yo en este caso, podemos rumiarlo y obsesionarnos con él. Podemos juzgar duramente a otra persona y hacer o decir cosas de forma reactiva e hiriente. Podemos sentirnos acosados por la duda y sentirnos invadidos por un estado de ánimo del que es difícil desprenderse. Parece como si algo pegajoso nos hubiera infectado, pero no es eso. Es nuestra mente la que está pegajosa.

En pocas palabras, la *mente pegajosa es la emoción atascada en un concepto*. Las ideas fijas y las emociones negativas se apoyan mutuamente. Nuestros sentimientos y emociones cambian constantemente, pero, debido a la cualidad pegajosa de nuestra mente, los percibimos como permanentes. Por lo tanto, tendemos a apegarnos a las cosas que nos gustan y a evitar las que no. Estas tendencias se convierten en hábitos, dando lugar a patrones o surcos en los que se mueve nuestra mente. Desarrollamos una visión estrecha y restringida de quiénes somos y de cómo es el mundo, e interpretamos los acontecimientos de un modo que se ajusta a esta visión. Parece como si las ideas, los sentimientos y las percepciones asociadas a esta forma de ver se aferraran a nosotros y no nos soltaran. En realidad, es nuestra mente la que las mantiene pegadas. Es nuestra mente la que es pegajosa. Es nuestra mente la que hace que una realidad dinámica sea estática y fija.

Considerarnos estáticos y fijos nos impide conocer nuestra auténtica naturaleza. Nos limita y nos hace inflexibles. Cuando nuestra mente está pegajosa, a menudo actuamos de formas que contradicen nuestra bondad fundamental o nuestras mejores intenciones. La mente pegajosa nos impide ser fundamentalmente abiertos, libres, amables y cariñosos con nosotros mismos y con los demás. Nos impide conocer y abrazar nuestra dignidad inherente.

¿Cuál es la solución para la mente pegajosa? ¿Cómo nos enfrentamos a las emociones atascadas en un concepto? Tanto si la mente pegajosa es tan sutil como recordar un incidente inusual que ha ocurrido recientemente como si es tan burda como la rumiación obsesiva, he descubierto que el simple hecho de ser consciente de mi mente pegajosa me da el poder de cambiar. En el momento en que vislumbramos nuestras emociones perturbadoras y los conceptos que las sostienen, empiezan a debilitarse. No pueden crecer a la luz de la conciencia. Por otra parte, la falta de conciencia es terreno fértil para las emociones aflictivas. Cuando se reúnen las condiciones de soporte adecuadas, las emociones negativas pueden estallar sin previo aviso, causando daño a los demás y a nosotros mismos. Por lo tanto, es imperativo que lleguemos a conocer estas emociones negativas y las veamos siempre que surjan. Con el tiempo, los patrones que las mantienen se debilitarán y nuestra mente no será tan adhesiva.

Las emociones que perturban la mente

Los textos budistas ofrecen una clasificación de las emociones negativas que caracterizan las formas groseras de la mente pegajosa. Según estos textos, existen ochenta y cuatro mil emociones de este tipo. Afortunadamente, podemos abordarlas todas eficazmente, trabajando simplemente con las cinco categorías generales en las que se resumen: ira, orgullo, celos, apego e ignorancia. Estos estados de confusión mental también se denominan los «cinco venenos», para expresar la gravedad de los trastornos que causan en nuestra mente. Cuando estamos bajo el control de estos venenos, no vemos la realidad con claridad ni nos vemos a nosotros mismos con claridad. No tenemos sabiduría.

Como se mencionó en el capítulo 3, la verdadera naturaleza de nuestra mente es pura y espaciosa como el cielo. Los pensamientos y los sentimientos son como nubes que simplemente pasan. Permanecen durante un tiempo, pero finalmente desaparecen, dejando el cielo intacto. Pero, en nuestro caso, el cielo a menudo se nubla, a veces se vuelve tormentoso, porque nuestras emociones se atascan en las ideas equivocadas a las que nos aferramos. El principal problema es creer que somos un sí mismo separado y permanente, o «yo». Esta noción errónea nos engancha a cualquier drama que nuestra mente crea, enfrentando a nuestro «yo» contra los enemigos percibidos como tales. Los cinco venenos proliferan y prosperan en un entorno así. Entonces tenemos una mente pegajosa en toda regla.

Por lo tanto, es esencial tomar conciencia de estas emociones negativas y de los patrones de pensamiento que las sustentan. Se podría pensar que queremos evitar o incluso destruir estas emociones, pero eso solo las convierte en enemigos más grandes y oponentes más fuertes. El secreto es hacerse amigo de ellas. Al verlas, escucharlas y comprenderlas, nuestras emociones negativas pierden su poder y se transforman en algo totalmente distinto. Se convierten en fuentes de sabiduría y no de confusión.

Ira

Tengo un amigo en Nepal que tiene muy mal genio. Preocupado por su mal genio, decidió participar en un curso de control de la ira de una semana de duración. A su regreso, vino a visitarme y me contó lo relajado, tranquilo y calmado que se sentía. «El control de la ira funciona de verdad», me dijo. Mientras hablábamos, un joven monje nos trajo té. Mientras nos servía, el monje tropezó y derramó el té sobre los pantalones de mi amigo. Mi amigo le gritó al monje: «Eh, ¿qué haces? Mira lo que has hecho». De repente, su apacible rostro se había enrojecido, teñido de irritación. Luego, en un abrir y cerrar de ojos, se volvió hacia mí, sonriente, como si no hubiera pasado nada. No se dio cuenta de que acababa de estallar de ira.

A menudo resulta más fácil detectar los problemas de los demás que ver nuestros propios defectos. La ira de este amigo era visible para mí, pero no para él. Sin embargo, algunas emociones son tan sutiles que ni siquiera los demás pueden detectarlas. Estas emociones, como el desagrado y el malestar, son más difíciles de desarraigar porque suelen permanecer enterradas en lo más profundo de la mente y no se expresan externamente. Pero unos cuantos disgustos y malestares incipientes y continuados en el tiempo podrían cambiar eso. Podríamos ver a esta persona explotar de ira repentinamente.

La ira es como un fuego que nos quema a nosotros y a los que nos rodean sin discriminación. Cuando estamos enfadados, solemos pensar que alguien o algo externo a nosotros es el responsable de nuestro enfado. Pero eso no es cierto en absoluto. No importa qué tipo de cosas ocurran o qué haga la gente, nuestras reacciones negativas no podrían haberse manifestado sin un proceso mental interno que implica a nuestras propias percepciones y aflicciones. En resumen, ninguno de los enemigos externos que percibimos existiría si nosotros mismos no hubiéramos creado un enemigo interno para oponernos a ellos.

Conocer nuestra mente es muy importante. Cuando arremetemos con ira, dejamos de ver lo que es real y lo que no lo es. El enfado oscurece nuestra capacidad de ir más despacio y ser conscientes; nos ciega ante las consecuencias de nuestros actos. Permítanme ponerme como ejemplo. Cuando estaba en la shedra, en la India, un compañero me dijo que cuando me enfadara, en lugar de reprimirlo, debería golpear una pared. «Deja salir la rabia», me dijo. Y así lo hice. Pero lo que descubrí fue que cuanto más expresaba cualquier emoción negativa, incluida la ira, más la reforzaba. Expresar la rabia no hacía nada para atajar su causa. Sin comprender mi ira y su causa, golpear la pared no hizo nada para liberarme de ella.

Orgullo

El sentimiento de orgullo es como tener una cómoda bufanda enrollada al cuello sin darnos cuenta de que en realidad es una serpiente venenosa que puede mordernos en cualquier momento. El orgullo –el sentimiento reconfortante de que somos superiores a los demás– es una emoción que nos sabotea a nosotros mismos. Las personas orgullosas tienen un fuerte sentido del «yo» en torno al cual giran todas sus percepciones, lo que genera un fuerte sentimiento de propiedad y obsesión. Cuando el «yo» orgulloso resulta herido, se siente víctima. Esto invita fácilmente a otras emociones negativas. Cuando el orgullo está presente, los celos, la ignorancia y el apego aparecen con facilidad.

Puede llevarnos tiempo darnos cuenta de nuestro orgullo y ver sus efectos, porque es más sutil y está más oculto que la ira. Al igual que la ira, el orgullo puede expresarse de forma externa y visible para todos, como cuando decimos o hacemos algo claramente arrogante. Pero muchos de nosotros somos buenos ocultando nuestro orgullo, manteniéndolo en nuestro interior y fuera de la vista de otros. Para poder transformar el orgullo, debemos ser sinceros con nosotros mismos. Lo que hace posible esta honestidad es lo que la hace difícil en primer lugar: reconocer nuestro orgullo requiere cierto grado de humildad. El propio reconocimiento es su antídoto.

Celos

Los celos son un sentimiento de malestar que surge ante las circunstancias favorables o la buena fortuna de otras personas, como son sus logros, posesiones, estatus social, buena apariencia o cualidades positivas. Los celos pueden expresarse de muchas formas, como resentimiento, envidia, miedo y deseo. Aunque los celos parecen desencadenarse por factores externos, pueden aparecer y apoderarse de nuestra mente en cualquier momento, independientemente de lo que ocurra en nuestro entorno.

En pocas palabras, sentimos celos de los demás cuando poseen algo que nosotros no poseemos. Por lo tanto, la raíz de los celos es la comparación. Nos vemos a nosotros mismos como algo separado de los demás, y situamos nuestra felicidad por encima de la de ellos. Comparamos y juzgamos, generando complicadas oleadas de emociones que giran en torno al deseo de lo que no tenemos y a los celos de los que tienen lo que nosotros queremos. Es una experiencia dolorosa. Además de provocar pensamientos desagradables y estrés, lo peor de los celos es que dañan la confianza en nuestra bondad básica.

Apego

Mientras que los celos se centran en lo que no tenemos, el apego se centra en lo que sí tenemos. Con el apego, no solo queremos conservar lo que tenemos, sino que también queremos más de lo que tenemos. Ambos aspectos del apego son destructivos. Aferrarse emocionalmente a lo que tenemos demuestra inseguridad; querer más de lo que tenemos demuestra insatisfacción.

A una pediatra que asistió a uno de mis retiros le extrañó la idea de que el apego sea una emoción destructiva de raíz. Explicó que, en la psicología occidental del desarrollo, el apego se considera un vínculo emocional crítico que los niños necesitan establecer con sus madres o cuidadores principales. «La fuerza de este vínculo determina si el niño puede o no establecer más tarde relaciones sanas con los demás», añadió. Después de escucharla, le dije que no hay contradicción. Ese tipo de vínculo entre padres e hijos es puro; es fuente de alegría y libertad. Lo que el budismo suele denominar «apego» es diferente. El apego es un deseo basado en aferrarse o fijarse en algo o alguien. Este tipo de actitud mental perturba nuestra paz interior y nuestra libertad, creando sufrimiento. En cierto modo, el concepto budista de apego es comparable al de obsesión o adicción. Cuando somos adictos o estamos obsesionados con algo o alguien, nos convertimos en esclavos de nuestros propios apegos, impotentes para liberarnos de ellos.

Me sorprendió la primera vez que vi un «canal de compras» en la televisión. Parecía que su único propósito era manipular nuestro deseo, tentándonos a comprar cosas que realmente no necesitamos. Si no somos cuidadosos, nuestro modo habitual de pensar se convierte en una «mente compradora». Cuando compramos una cosa, se nos antoja la segunda, luego la tercera, la cuarta, y así sucesivamente. Pronto nos encontraremos comprando veinte pares de zapatos a la vez, aunque no tengamos veinte pares de pies para ponérnoslos. Nuestra «mente compradora» nos empuja a adquirir productos como si pensáramos vivir cientos de años. Así es como el deseo y el apego afectan a nuestra mente: nunca sentimos que tenemos suficiente. El Buda enseña que intentar satisfacer nuestros deseos es como beber agua salada del océano para calmar nuestra sed. Cuanto más bebemos, más sed tenemos y mayor es el deseo que generamos. Y entonces nos quedamos atrapados en el círculo vicioso de querer más y más sin quedar nunca satisfechos. Aún no hemos aprendido dónde buscar la verdadera satisfacción.

Ignorancia

Toda emoción negativa es el resultado de la ignorancia. La experiencia de la ignorancia es como vivir en la oscuridad –no vemos lo que hacemos ni lo que ocurre a nuestro alrededor–. Pero es incluso peor que eso. En la ignorancia, ni siquiera somos conscientes de la propia oscuridad. No sabemos que estamos en la oscuridad porque no sabemos que hay luz.

Hay dos tipos básicos de ignorancia, ambos omnipresentes en casi todo lo que hacemos. El primer tipo de ignorancia funciona como un punto ciego. No nos damos cuenta de todo lo que ocurre en nuestro campo de experiencia, incluida nuestra vida interior y nuestras emociones aflictivas. En esta ignorancia, «ignoramos» o estamos ciegos ante ciertos aspectos de nuestra experiencia. Esta ignorancia es uno de los cinco venenos junto con la ira, los celos, el orgullo y el apego.

La otra forma de ignorancia es la fuente más profunda y fundamental de los cinco venenos. Es la ignorancia de nuestra naturaleza básica. No nos damos cuenta de que nuestra naturaleza es pura. En consecuencia, no reconocemos que todo –todos los seres y sus entornos– está radicalmente interconectado y es interdependiente. En lugar de ello, nos vemos a nosotros mismos como un yo permanente e intrínseco que está separado y aparte del mundo y de todos los demás seres que hay en él. Aunque es cierto que así es como aparecen las cosas, debemos mirar bajo la superficie de las apariencias. En el fondo, este tipo de dualidad sujeto-objeto es una ilusión. Nuestra naturaleza básica está más allá de la dualidad. Cuando ignoramos nuestra naturaleza básica, vivimos en la oscuridad sin saber que lo hacemos.

El filósofo griego Platón contó una alegoría sobre un grupo de prisioneros que vivían toda su vida encadenados a la pared de una cueva. Día tras día, lo único que veían eran sombras proyectadas en la pared por un fuego que había detrás de ellos. No podían darse la vuelta para ver el fuego, por lo que pensaban que esas sombras eran objetos reales; el juego de luz y oscuridad se había convertido en la realidad de los prisioneros. Un día, cuando al salir de la cueva los prisioneros se vieron expuestos a la luz directa del sol, se dieron cuenta de que las sombras no eran reales, de que su noción del mundo real había sido una ilusión.

Como las sombras de la caverna de Platón, la mayoría de nosotros vivimos en una realidad imaginaria que nos parece real, pero que es una ilusión. Sobre esta base, generamos muchas ideas y creencias que tomamos por verdaderas. Estas ideas, la principal de las cuales es la idea de ser un yo fijo, permanente y duradero, apoyan y refuerzan nuestra ilusión. Es muy triste que estemos atrapados en una red de confusión sin salida evidente.

Verlo todo, incluso a nosotros mismos, a través de la lente de la dualidad, es la raíz profunda de nuestra mente pegajosa. Nos hace rígidos e inflexibles. Pensando que somos un yo separado, nos apegamos a nuestro nombre, trabajo, dinero, posesiones materiales, sentimientos placenteros, etc. Nuestro «yo» produce opiniones fuertes y egocéntricas, y se vuelve cada vez más crítico y competitivo. Nos sentimos superiores a los demás cuando tenemos más (orgullo) e inferiores cuando tenemos menos (celos). Clasificamos nuestras experiencias como buenas o malas, agradables o desagradables. Las personas que conocemos se convierten en amigos o enemigos. Nuestra mente dualista fija nuestra realidad en un conjunto extremadamente limitado de posibilidades, y todas nuestras relaciones, con nosotros mismos y con los demás, se distorsionan. Vivir una vida alejada de nuestra naturaleza auténtica y abierta nos hace terriblemente insatisfechos e infelices. No es de extrañar que desarrollemos el hábito de quejarnos incesantemente.

El poder de ver nuestros propios defectos

El budismo subraya la importancia de aprender más sobre las cinco emociones negativas y cómo perturban nuestra mente. Al principio, estas cinco emociones pueden parecer naturales porque estamos muy acostumbrados a experimentarlas y expresarlas en la vida cotidiana. Pero no son naturales ni inofensivas. Son producto de nuestra mente pegajosa. Recuerda, una mente pegajosa es una emoción atrapada en un concepto. El concepto primordial que hace que nuestra mente sea pegajosa es la idea de ser un «yo» sólido. Siempre que cosificamos el «yo», también cosificamos al «otro». Esta dualidad de sujeto y objeto, de yo y otro, invita a los cinco venenos –la ira, el orgullo, los celos, el apego y la ignorancia– a sentirse como en casa en nuestra mente. Entonces acaban pareciendo normales para nosotros. No reconocemos que son totalmente disfuncionales. Y sufrimos por ello.

Cuando digo «sufrimiento», me refiero al concepto budista de *dukkha*, una palabra sánscrita que suele traducirse como «sufrimiento». Pero algo se pierde en esta traducción. Una amiga me contó una conversación que tuvo con un joven al que acababa de dejar su novia. Hablaban sobre el concepto budista de sufrimiento, y el joven proclamó con seguridad: «No, no es cierto que el sufrimiento forme parte de nuestras vidas. Yo nunca he experimentado el sufrimiento». Con curiosidad, mi amigo le presionó para que describiera su experiencia de ruptura. «Sí, tengo angustia, estrés, ansiedad. Algunos días no puedo dormir debido a la depresión y la rabia que siento. Pero no tengo sufrimiento». Está claro que «sufrimiento» es una palabra cuyas connotaciones son demasiado estrechas para transmitir lo que se quiere decir aquí. Por esta razón, los traductores se refieren a dukkha también como «dolor», «infelicidad», «angustia» o «insatisfacción».

Dukkha se expresa siempre a través de las cinco emociones que perturban nuestra mente y nos hacen infelices. Cuando nos dejamos llevar por estas cinco emociones perturbadoras, perdemos contacto con nuestra bondad fundamental y experimentamos dukkha. Por lo tanto, consentir las emociones no funciona. Huir o negar la existencia de nuestras emociones tampoco ayuda. Suprimir o evitar activamente nuestra propia experiencia es ser descaradamente deshonestos con nosotros mismos, y esto tampoco es una solución. Afortunadamente, el budismo enseña varias formas de tratar nuestras emociones perturbadoras. La idea básica es que, mediante la atención y el amor, podemos llegar a conocerlas y hacernos amigos de ellas.

Entablar amistad con las cinco emociones negativas es un proceso de curación y transformación. Pero todo proceso de transformación entraña inicialmente algunas dificultades. Primero debemos armarnos de valor para ver y afrontar nuestros defectos. Estos defectos son los patrones emocionales en los que caemos habitualmente, y a menudo sin saberlo. Cuando no reconocemos nuestras formas habituales de pensar, sentir y actuar, perpetuamos el sufrimiento que crean para nosotros mismos y para los demás. Debido al egocentrismo –la tendencia a cosificar y glorificar el yo–, nos resulta muy difícil ver nuestros defectos, y menos aún admitirlos. Ver nuestros defectos puede hundirnos y hacer que nos sintamos mal con nosotros mismos. No nos damos cuenta de la gran oportunidad que supone ser honestos con nosotros mismos.

Ver nuestros propios defectos y ser conscientes de nuestras emociones negativas requiere tratarlas de manera bondadosa y amable, sin juzgarlas ni culparlas, y aceptarlas con comprensión. Una vez hecho esto, el resto es muy sencillo. Se trata de atender a nuestras emociones cuando surgen, como un verdadero amigo. La amistad genuina solo puede desarrollarse cuando hay honestidad y se comparte abiertamente desde el corazón. Sé un amigo genuino contigo mismo y acepta cualquier emoción, pensamiento o sensación que surja en tu mente. Y acompáñalos. Ver tus propios defectos y hacerte amigo de tus emociones puede ser una de las decisiones más poderosas que tomes, porque estarás plenamente presente para ti mismo.

Detectar la mente pegajosa

Uno de los problemas con los que nos encontramos al tratar nuestras emociones negativas es que nos identificamos con ellas con demasiada facilidad. Identificarnos con una emoción nos impide adoptar una postura desde la que podamos verla y cambiarla. Entonces nos quedamos atascados. Cuando estamos enfadados, pensamos que tenemos una mente enfadada. Cuando estamos contentos, pensamos que tenemos una mente feliz. Pero ¿cuántas mentes tenemos? En realidad, solo tenemos una mente.

El Buda enseñó que acabar con el sufrimiento es algo más que aliviar los síntomas: debemos erradicarlos de raíz. El erudito indio del siglo VIII Shantideva ilustró este punto con la siguiente analogía. Observó que si queremos caminar a través de un campo espinoso, no es práctico cubrir toda la zona con cuero para poder cruzar el suelo descalzos; es mucho más inteligente utilizar una pequeña cantidad de cuero para cubrir nuestros pies. Del mismo modo, no es práctico intentar controlar todos los factores externos que puedan evocar nuestras emociones aflictivas; es mucho más inteligente abordar la causa raíz, la mente pegajosa.

Las emociones que perturban nuestra mente varían en fuerza dependiendo del grado de pegajosidad de nuestra mente. La pegajosidad de nuestra mente puede ser tan leve como un simple recuerdo, como en el caso de mi recuerdo del incidente con el dueño del perro en Jackson Hole. O puede ser tan fuerte como una adicción u obsesión. Sin embargo, la mayoría de las veces se trata de algo intermedio. De todos modos, independientemente de su fuerza, nos atrapa.

Solemos suponer que solo nos apegamos a las cosas que nos gustan. Investigaciones recientes demuestran que querer no equivale necesariamente a gustar.[14] Veamos un ejemplo: el hábito de beber café. ¿La gente bebe café porque le gusta y lo disfruta? Quizá sea así para mucha gente, pero para el adicto al café, el deseo se desvincula del gusto. Cuando un adicto al café ve una máquina de café, su cerebro libera un neurotransmisor conocido como dopamina, que le proporciona una recompensa química placentera. Aunque la persona sigue adelante y se toma el café, no disfruta tomándolo. Este ejemplo científico concuerda con la observación budista de que el apego no tiene que ver con los objetos externos a los que nos aferramos –ya sea el coche, el dinero, la casa, la ropa, los zapatos o el café–, sino con la mente pegajosa. La mente pegajosa es la razón del aferramiento, del hábito, del apego. Como nuestra mente es pegajosa, nuestro deseo es infinito.

Un estudiante se quedó perplejo ante esta idea y dijo: «Pero si no tenemos apegos, no podemos disfrutar de nada en la vida». Me dijo que cuando miraba su mente, sus apegos parecían muy positivos y agradables. El problema es que, en el apego, nuestro simple deseo se convierte en anhelo, y luego el anhelo (un estado mental) se transforma en aferramiento (una acción). Dicho de otro modo, nos obsesionamos con las cosas que deseamos y luego actuamos para conseguirlas compulsivamente. Este patrón se convierte en un hábito inflexible. A medida que nos habituamos al placer que nos proporciona el objeto de deseo original, queremos más y más de esa misma sensación. Nuestras ansias y deseos crecen desmesuradamente. El resultado es que perdemos la conciencia y olvidamos qué clase de persona somos. A corto plazo, el apego, así como el orgullo, la ira y los celos, pueden considerarse ventajosos o incluso necesarios para sobrevivir en un mundo competitivo. Pero, a largo plazo, estas emociones obstaculizan nuestro desarrollo como seres espirituales y nos privan de oportunidades para cambiar.

Ser conscientes de nuestro apego y de su causa subyacente (la mente pegajosa) no significa que no debamos disfrutar de nuestras vidas. Por ejemplo, me gusta mucho una mezcla especial de café con leche de Starbucks: dos chupitos de expreso con leche al vapor mezclados con medio chupito de sirope de avellana, una pizca de nuez moscada y mucha canela. Es delicioso. Pero cuando no tomo el Starbucks latte, sigo estando bien porque mi mente no está «pegada» al café de Starbucks. El gusto no se ha convertido en una aflicción mental y en el deseo interminable asociado con la obsesión o la adicción. Si aprecias el café como yo, ¿tu disfrute del café tiene una cualidad pegajosa? ¿Qué ocurre con otros objetos de placer? Es una buena práctica reflexionar sobre nuestra propia mente pegajosa para poder identificar dónde nos atascamos y empezar a aprender a soltar.

Aplicar el antídoto

El primer paso para superar la mente pegajosa es reconocer nuestras emociones negativas. El siguiente paso es familiarizarse con estas emociones y aplicar sus antídotos. Estos antídotos consisten en invocar una emoción o actitud positiva concreta para sustituir a la emoción negativa. Al igual que la oscuridad no puede coexistir con la luz del sol, las emociones negativas no pueden coexistir con las emociones positivas. Si aplicamos estos antídotos con constancia y determinación, con el tiempo, nuestras emociones negativas cesarán y las positivas se convertirán en algo natural.

Los antídotos para nuestras emociones negativas son bastante sencillos. Cuando surja la ira, aplica la bondad. Cuando aparezca el orgullo, recuerda ser humilde. Puede ayudar reflexionar sobre las buenas cualidades de los demás en lugar de las propias. Cuando aparezcan los celos, aprende a alegrarte de los logros de los demás. Disfruta de sus éxitos tanto como de los tuyos. Cuando haya apego, intenta dar con generosidad. En cuanto a la ignorancia, toma conciencia de tus puntos ciegos y aprende a ver con claridad. Por ejemplo, puedes buscar pistas en cómo otras personas o situaciones te reflejan a ti mismo. La bondad, la humildad, la alegría, la generosidad y la visión clara actúan como antídotos contra las emociones que perturban nuestra mente. Aplicar estos antídotos es una forma eficaz de liberarnos de la rigidez de nuestra mente y empezar a abrirnos a nuestra verdadera naturaleza.

Como ya hemos dicho, nuestra mente es pegajosa porque nos obsesionamos con nosotros mismos. Cuando dejamos de fijarnos en el yo, irradia cualidades positivas de forma natural. Estas cualidades positivas nos protegen y preservan nuestra paz mental. Son una respuesta consciente basada en la conciencia de nuestras emociones negativas y la determinación de liberarnos de ellas. Compruébalo tú mismo: cuando eres cariñoso y amable, ¿puede surgir fácilmente tu ira? En realidad, no, ¿verdad? Cuando nos concentramos en nuestras cualidades positivas, es como la salida del sol: la oscuridad desaparece y la luz brilla automáticamente. Todo nuestro entorno se ilumina. Vemos con claridad y nos sentimos felices.

Pero en nuestro estado actual, nuestra mente pegajosa invierte nuestra búsqueda de la felicidad, y nosotros mismos somos siempre su víctima. Nuestras emociones aflictivas son la mente pegajosa en acción; no reflejan quiénes somos realmente, nuestra naturaleza inherente. Son patrones habituales que hemos aprendido y, por tanto, pueden desaprenderse. La clave es recordar que la mente pegajosa está en la raíz de nuestras emociones negativas y aplicar los antídotos para transformarlas. De este modo, con el tiempo podemos eliminar por completo la mente pegajosa. El Buda enseñó que cuando se levanta el velo de las emociones negativas, la sabiduría aparece de forma natural. Cada uno de los cinco venenos es una sabiduría que ha sido distorsionada por la confusión del egocentrismo. Aplicar los antídotos nos permite liberar nuestra sabiduría de esta confusión y dejarla brillar.

Saber que es posible debilitar y finalmente abandonar la identificación habitual con nuestras emociones negativas puede sonarte esperanzador. Reconocer que este proceso crea una apertura a nuestra sabiduría inherente y al cultivo de la dignidad puede ser especialmente atractivo. Pero no podemos dejar que este potencial se quede en una mera idea intelectual. Si lo hacemos, nuestras mentes se aferrarán a esta noción del mismo modo que siguen aferrándose a los objetos externos. En su lugar, debemos actualizar esta comprensión y cultivar una nueva relación con nuestras emociones. Esto se consigue a través de la meditación.

Empecé mi formación en meditación muy pronto, y desde muy joven he meditado todos los días sin falta. Bueno, casi todos los días. Después de terminar mis estudios monásticos formales, como es habitual en mi tradición, elegí el camino de la vida familiar y me casé. Hace muchos años, mientras estaba de vacaciones en Virginia con mi mujer y nuestros dos hijos, interrumpí por completo mi práctica durante siete días. Tenía curiosidad por ver qué pasaba. No hice ninguna sesión de meditación ni leí ningún libro de meditación. Hice cosas normales, como hacer ejercicio, comer panecillos, ver películas e ir de compras. Revisé algunos correos electrónicos e hice algo de trabajo ligero. Durante dos días, todo fue bien. Al tercer y cuarto día, me sentí un poco ligero, como si mi mente no tuviera los pies en la tierra, como si estuviera flotando. Me volví un poco temperamental y reactivo. Al quinto y sexto día, no me sentía muy paciente ni comprensivo. Por ejemplo, un día mi hijo entró en la habitación para hacerme una pregunta mientras yo veía una película. Al sentirme interrumpido, alcé la voz: «¿Qué quieres?». Inmediatamente, me di cuenta del efecto negativo de dejar que mi mente hiciera lo que quisiera. Sin la estabilidad mental que proporciona la práctica de la meditación, mi atención vagaba casi involuntariamente momento a momento, de un objeto brillante a otro. Como mi mente estaba distraída, aumentaron mis emociones negativas. No estaba en mi estado natural.

Si podemos mantener siempre el verdadero estado natural de la mente, las emociones aparecerán y desaparecerán como las nubes que pasan, dejando nuestra mente imperturbable. Pero reconocer el estado natural requiere una mente más amplia y abierta de lo que nos permite nuestra rigidez actual. Por lo tanto, primero debemos trabajar directamente con las emociones para asegurarnos de que nuestra mente sea flexible, abierta y receptiva. Una vez debilitadas las formas toscas de la mente pegajosa, podemos trabajar para eliminar formas más sutiles.

FORMACIÓN EN LA DIGNIDAD

Respiración para restablecer el equilibrio entre cuerpo y mente

La respiración es tan natural que nos preguntamos por qué motivo necesitamos entrenarla. Cuando tenemos la mente atascada –cuando la emoción está atrapada en un concepto–, nuestro cuerpo y nuestra mente se desequilibran. Podemos utilizar la respiración para recuperar el equilibrio perdido.

- Para empezar, recordemos el principio básico introducido anteriormente.

  El cuerpo en el cojín.
  La mente en el cuerpo.
  La mente en reposo.

- Siéntate con una postura cómoda, con el cuerpo relajado y la columna recta, los ojos suavemente abiertos y la boca ligeramente abierta. Respira con naturalidad.

- Aunque más adelante meditaremos sobre el movimiento natural de la respiración, para nuestros propósitos actuales, queremos inspirar y espirar completamente por la nariz. Aquí, «completamente» significa inspirar por la nariz, hacia los pulmones, hasta el vientre; luego espirar tanto que el vientre se contrae, forzando la salida del último aire restante. Este tipo de respiración calma la mente muy rápidamente. No es necesario hacerlo durante mucho tiempo. Solo un par de minutos para empezar estaría bien.

- Si notas que surgen emociones o pensamientos, puedes cambiar la práctica de la siguiente manera. Inspira de forma natural y luego expira completamente, aguantando uno o dos segundos antes de volver a inspirar. Este ejercicio de respiración funciona especialmente bien cuando tienes muchos pensamientos o mucha ansiedad.

Domar una emoción

Una forma poderosa de transformar nuestras emociones negativas es notarlas durante y después de la meditación. Para realizar este ejercicio, siéntate en un estado contemplativo. Recuerda una situación en la que hayas experimentado una de las cinco emociones aflictivas: ira, celos, orgullo, deseo o ignorancia. Mientras repasas mentalmente los detalles de esa experiencia, siente realmente cómo surge la emoción, pero intenta no perderte en ella. Fíjate en si puedes notar la mente pegajosa que se esconde debajo. ¿La conciencia de la emoción debilita su fuerza? Ahora has iniciado el proceso de adquirir una mayor conciencia de tu vida emocional.

Elige una de estas emociones para trabajar con ella durante una semana y comprométete a notarla siempre que surja. Por ejemplo, si eliges la ira, fíjate siempre que surja un sentimiento de ira en tus actividades cotidianas, ya sea un leve sentimiento de ofensa, un resentimiento persistente o un sentimiento de ira en toda regla. Recuerda el antídoto para la emoción que elijas, en este caso el amor bondadoso, y aplícalo en el acto. La semana siguiente puedes elegir otra emoción.

Apoyo inspirador

Es difícil ver los propios defectos.
Así que señalárselos a uno mismo es una instrucción crucial.
Al final, cuando las faltas son, una a una, eliminadas, las cualidades iluminadas aumentan y brillan.

DUDJOM RIMPOCHÉ[15]

6. Observar, no juzgar

Hay un cuento zen sobre un hombre montado en un caballo que galopa muy deprisa. Otro hombre, de pie junto a la carretera, le grita: «¿Adónde vas?», y el hombre del caballo le responde: «No lo sé. Pregúntale a mi caballo».

THICH NHAT HANH[16]

Muchas personas consideran el juicio como una cualidad positiva. Por eso, cuando explico en charlas públicas que el juicio es un problema, a menudo me preguntan: «¿Cómo podemos funcionar en la vida sin juicio?». Mi respuesta es: «En realidad, funcionaremos mejor porque no cargaremos con el equipaje adicional de emociones que enturbia nuestra experiencia».

Para la mayoría de nosotros, juzgar es un hábito subconsciente. Juzgamos constantemente sin saberlo, y no reconocemos que nuestros juicios producen emociones perjudiciales para nosotros mismos y para los demás. Estas emociones, a su vez, nos impiden reconocer el juicio que las produce. Juzgamos todo el tiempo. A menudo pensamos o decimos: «Esto me gusta», «Esto no me gusta», «Esto es bueno», «Esto es malo». Si estamos siendo introspectivos, también discriminamos entre un «buen pensamiento» y un «mal pensamiento». Pero este tipo de juicio impulsa cada uno de nuestros pensamientos, emociones y acciones negativas. Por lo tanto, sería muy desafortunado no saber o examinar nunca cómo el juicio está dirigiendo nuestras vidas. Dejar que el juicio dicte nuestras vidas es como montar un caballo salvaje que no podemos controlar.

Para funcionar en la vida, necesitamos juzgar menos y notar más. Notar es una conciencia neutra sin la carga de la emoción; al notar, vemos con calma y claridad, sin distorsionar lo que observamos. En cambio, juzgar es una chispa que a menudo enciende el fuego de las emociones y las acciones negativas. El fuego de la emoción obstruye nuestra visión y distorsiona nuestra percepción, impidiéndonos ver las situaciones con claridad. De este modo, observar y juzgar tienen efectos opuestos.

En el plano de la experiencia, la diferencia entre notar y juzgar puede ser sutil, pero hay una forma sencilla de distinguirlas: si al notar u observar algo también surgen emociones, estamos juzgando, no simplemente notando. En pocas palabras:

Juzgar tiene una cola de emoción que notar no tiene.

La cola de emoción que se pega al darse cuenta es un equipaje extra. No lo necesitamos. Por lo tanto, un paso crucial para cultivar la dignidad es aprender a darnos cuenta de lo que ocurre en nuestra experiencia sin la influencia contaminante de las emociones negativas. Esto incluye no solo darnos cuenta de los acontecimientos de nuestro entorno, sino, lo que es más importante, de nuestros propios pensamientos, emociones y acciones.

He aquí una historia que un estudiante, a quien llamaré Tim, compartió conmigo sobre un momento en que su juicio corrió como un caballo salvaje, creando una emoción negativa y una fuerte reacción. Tim volvía a casa después de un largo día de trabajo. Estaba agotado y, como de costumbre, había mucho tráfico en hora punta. Cuando salió de la autopista e hizo señas para incorporarse al carril de la derecha para girar, un coche con los cristales oscuros aceleró y le bloqueó el paso.

Un pensamiento surgió instantáneamente en su mente: «¡Qué grosero! Sabe que voy a ese carril, pero acelera deliberadamente. Ahora voy a perder mi turno».

Tim sintió una frustración adicional porque los cristales oscuros del otro conductor le impedían la satisfacción de comunicarle una mirada desagradable. Enfurecido, Tim tocó el claxon con fuerza. Solo unos instantes después se dio cuenta de que podía girar a la derecha desde el carril en el que se encontraba. La realidad práctica era que las acciones del otro conductor no le habían molestado.

Cuando Tim me contó esta historia, me dijo, avergonzado y arrepentido, que aquel día perdió la dignidad al enfurecerse y reaccionar en un momento dado. Tim llevaba años practicando la meditación. Se dio cuenta casi inmediatamente después del incidente de que, en lugar de permanecer anclado en su buena naturaleza, había dejado que su mente egocéntrica y juzgadora tomara el control. En lugar de simplemente darse cuenta de que el carril estaba bloqueado y negociar la situación con calma, el fuerte juicio de Tim se convirtió en un caballo salvaje que dirigía sus pensamientos, emociones y acciones. Le llevó a un lugar que no había previsto y del que se arrepintió al instante. Todo sucedió muy deprisa: el juicio surgió espontánea e inmediatamente le siguió la emoción de la ira y la acción de tocar el claxon con fuerza. Este es el poder oculto del juicio para distorsionar nuestra perspectiva y llevarnos a actuar de forma disfuncional y potencialmente dañina. Todos tenemos momentos así, momentos en los que estamos completamente a merced de nuestras emociones negativas y de los juicios que las acompañan.

¿Con qué frecuencia te arruina el día un pensamiento crítico sobre una persona cualquiera? ¿Con qué facilidad y rapidez se solidifican esos pensamientos y despiertan emociones? ¿Cómó de repentinamente incitan estas emociones a la acción?

Cuando nuestra mente es frágil, los pensamientos y actitudes críticas pueden provocar fácilmente esas reacciones en cadena, catapultándonos de repente a dramas, grandes y pequeños. Cuando esto ocurre, perdemos todo contacto con nuestra dignidad interior, que por contraste tiene la cualidad de la claridad y la estabilidad. ¿Qué podemos hacer para desactivar la reacción en cadena del pensamiento que inflama la emoción, y de la emoción que se agita en la acción? Por supuesto, lo ideal sería dominar nuestro juicio desde el principio.

Pero, en la práctica, es más fácil detectar el pensamiento que la emoción, y la acción que el juicio que hay detrás de ellos. Por lo tanto, un buen punto de partida es simplemente darse cuenta de nuestros pensamientos.

Notar los pensamientos

Darse cuenta de un pensamiento cuando surge por primera vez es crucial para detener la espiral de pensamientos, emociones y acciones adicionales que, de otro modo, podrían producirse. Nuestros pensamientos tienen el poder de esclavizarnos cuando no somos conscientes de cómo funcionan en nuestra mente. Pero podemos tomar el mando de la situación. ¿Cómo podemos hacerlo? Es muy sencillo.

Observa el pensamiento como pensamiento.
Déjalo ser.
No juzgues.
Descansa la mente.

Si se me permite decir algo más sobre esto, nos damos cuenta del pensamiento en el mismo momento en que se forma, y reconocemos que es solo un pensamiento. A medida que te familiarices con los pensamientos, verás experimentalmente que no son sólidos, sino más bien efímeros. No son más que pensamientos. A continuación, dejamos que el pensamiento sea, sin manipularlo de ninguna manera. Especialmente no juzgamos el pensamiento como bueno o malo. Si tenemos éxito, el pensamiento se disolverá naturalmente, y entonces descansaremos la mente. Al descansar la mente sin pensamientos, volvemos al estado de claridad y estabilidad que caracteriza nuestra dignidad interior. A medida que nos familiaricemos con esta forma de ser, seremos capaces de detectar nuestra mente juzgadora y domarla.

Los pensamientos solo tienen poder sobre nosotros cuando los seguimos y nos los tomamos demasiado en serio. Por eso, algunas personas me preguntan: «¿Qué tal detener los pensamientos para que no generen emociones que nos alteren?». Una amiga me contó que vio un cartel en un estudio de yoga que

decía: «Ven a aprender meditación y detén tus pensamientos».
Me quedé perplejo, porque esto era nuevo para mí. Tengo que
admitir que en mi formación meditativa nunca he aprendido
a detener mis pensamientos. Al contrario, mis maestros me
enseñaron que los pensamientos entran y salen de nuestra mente de forma natural, en un flujo incesante. Y aunque tendemos
a atribuir gran importancia a nuestros pensamientos, no son
sólidos ni tienen existencia intrínseca.

Debemos reconocer que reprimir nuestros pensamientos
nunca funcionaría porque los pensamientos son actividades
naturales de la mente; son interminables e imparables. Por otra
parte, resignarnos a nuestros pensamientos sería desastroso por
lo rápido y fácil que pueden convertirse en emociones aflictivas y acciones malsanas si no se les pone freno. Se dice que
el humorista Mark Twain bromeó: «He vivido cosas terribles
en mi vida, algunas de las cuales ocurrieron de verdad». En
otras palabras, cuando no reconocemos nuestros pensamientos
como pensamientos, podemos vivir todo tipo de sufrimientos
imaginarios.

Cuando reconocemos nuestros pensamientos como pensamientos y no los juzgamos como buenos o malos, podemos
utilizarlos de forma que se alineen con nuestra dignidad interior y promuevan la paz y la felicidad; de lo contrario, nos
moldean de formas que pueden alejarnos de nosotros mismos.
Como dijo el Buda:

Somos lo que pensamos.
Todo lo que somos surge con nuestros pensamientos.
Con nuestros pensamientos hacemos el mundo…

Tu peor enemigo no puede hacerte tanto daño
como tus propios pensamientos sin vigilancia.[17]

Los maestros budistas utilizan la analogía de un brote y un árbol para hablar de los pensamientos. Cuando plantas una semilla y empieza a brotar, puedes cortarla fácilmente con la uña. Al cabo de diez años, cuando el brote se haya convertido en un árbol fuerte, necesitarás un hacha para cortarlo. Un pensamiento es como un retoño: es fácil de arrancar. Pero cuando un pensamiento se convierte en una emoción y más tarde en una acción, eliminarlo requiere el equivalente mental de un hacha.

Para liberarnos de la esclavitud de los pensamientos, debemos aprender a notarlos y dejarlos ser sin juzgarlos. De este modo, ni seguimos los pensamientos ni los reprimimos. Cuando no nos dejamos atrapar por los pensamientos ni permitimos que pasen desapercibidos, al final vemos más allá de ellos y vislumbramos la amplitud interior de nuestra dignidad indestructible. Hasta entonces, esta amplitud interior es algo que rara vez experimentamos directamente. Siempre está presente bajo la superficie, aunque, normalmente, está oscurecida por los frecuentes y persistentes pensamientos y emociones que abarrotan nuestra mente. Cuando dejamos en paz a nuestros pensamientos, dejan de distraernos. Se calman de forma natural y empezamos a ver más allá de ellos para entrar en contacto con nuestra verdadera naturaleza.

El proceso de percibir un pensamiento como pensamiento puede resultar difícil para muchas personas, sobre todo al principio. Nuestra mente tiene la costumbre de alejarse de la conciencia. Una técnica de meditación popular para darse cuenta de los pensamientos es etiquetarlos. No importa qué pensamiento surja mientras estás sentado meditando –ya sea simplemente la imagen de un amigo o pensar en lo que vas a cenar–, etiqueta mentalmente tu experiencia como «pensamiento». Cuando te concentres más en un sonido, como el de un coche que pasa, piensa: «Oyendo». La idea es aumentar la conciencia de lo que ocurre en tu mente sin quedarte atrapado en el contenido de tus pensamientos. Etiquetar puede ayudar a algunas personas a volver a ser conscientes de los pensamientos errantes, pero con el tiempo es bueno ir más allá de la técnica del etiquetado y trabajar con los pensamientos de forma más directa.

Nuestros pensamientos no somos nosotros, y nosotros no somos nuestros pensamientos; aun así, solemos identificarnos con ellos. Por debajo de los pensamientos dispersos que surgen constantemente, nuestra mente está siempre presente y clara, con el poder de conocer y transformar. Esta mente clara y conocedora es lo que realmente somos. En el momento en que nos identificamos con esta base del ser dignificada, podemos reconocer cuando nuestra mente está en reposo y no se deja llevar por el juicio. Si practicamos notar sin juzgar de este modo durante un tiempo, la libertad y la fuerza crecerán dentro de nosotros. Entonces nos convertiremos en adultos maduros capaces de ver las idas y venidas de los pensamientos como algo tan real como los juegos de los niños. No los tomamos demasiado en serio y, desde luego, no dejamos que nos arruinen el día.

Una técnica para domar
los pensamientos y las emociones

Una de las causas fundamentales del sufrimiento es tener un pensamiento que surge instantáneamente sin reconocerlo. Nuestra falta de reconocimiento da a este pensamiento el poder de crecer como un árbol de emoción negativa y juicio sin saber lo que ha sucedido hasta que es demasiado tarde. Si tomamos conciencia de nuestros pensamientos a medida que surgen, el poder de la emoción negativa y del juicio se debilitará. Puede que sigan estando presentes de forma sutil, pero serán menos propensos a activarse de forma plena y a crear perturbaciones.

El Buda enseñó una técnica de meditación muy elegante, eficaz y sencilla para debilitar los pensamientos al instante. Esta técnica fue promovida por un maestro de meditación y erudito indio del siglo XI llamado Atisha, que la aprendió de un famoso maestro erudito llamado Dharmakirti. Yo la aprendí de mi maestro Nyoshul Khen Rimpoché. En tibetano, esta técnica se denomina *purjom*. *Pur* significa «surgir» y *jom* significa «cortar de una vez». Por lo tanto, purjom significa «cortar de inmediato al surgir». En la meditación *purjom*, en el momento en que surge un pensamiento, lo miras directamente. Cuando tengas éxito, el pensamiento se disolverá inmediatamente. De este modo, cortamos el pensamiento en el momento en que surge.

Quizá te preguntes cómo mirar directamente a un pensamiento. Obviamente, no podemos ver los pensamientos con los ojos; solo podemos ver los pensamientos con la mente, o lo que he oído llamar el «ojo de la mente». Cuando vemos un pensamiento con la mente, normalmente, solo vemos su contenido. Aferrarnos al contenido de un pensamiento genera rápidamente muchos otros pensamientos. Podemos invertir esta pauta tomando conciencia del propio pensamiento. Cuando te fijas en un pensamiento sin quedarte atrapado en su contenido, simplemente se disuelve.

Utilicemos como ejemplo un pensamiento cargado de ira. Cuando tengas un pensamiento de enfado, no te preguntes por qué estás enfadado. En lugar de eso, simplemente vuélvete hacia dentro y mira directamente al pensamiento de enfadado en sí. Cuando lo miras directamente, el pensamiento se disuelve inmediatamente y pierde su poder. Si surge otro pensamiento, repite el mismo procedimiento: mira el pensamiento y observa cómo se disuelve. Ningún pensamiento visto de esta manera directa permanecerá durante mucho tiempo. Esto se llama «usar la mente para mirar el pensamiento». Cuando mires, verás que el pensamiento surge, y luego el pensamiento cesa. Ningún pensamiento permanece permanentemente. Cada segundo los pensamientos van y vienen; no son tan sólidos como pensamos. Ahora estamos adquiriendo experiencia con respecto a algo que, de otro modo, seguiría siendo una idea intelectual.

Si observamos con atención, veremos que la ira surge en tres etapas. Estas etapas pertenecen al pensamiento, a la emoción y a nuestro cuerpo físico. En la primera etapa, vemos surgir un pensamiento cuyo contenido suele ser el de haber sido despreciado o haber visto frustrado un deseo. En la segunda etapa, este pensamiento genera pensamientos adicionales, tejiendo una narración acompañada de la emoción de la ira. Por último, en la tercera fase, se produce una reacción física. A partir de estos pensamientos y emociones de ira, experimentamos la sensación física de ira que surge en nuestro cuerpo.

Hay quien piensa que está bien estar enfadado siempre que no se actúe gritando a los demás. Creen que si nadie es el receptor, no se hace daño. No creo que esta sea una interpretación correcta de la ira. En mi experiencia, la ira es siempre una acción; actúa como un verbo y no como un sustantivo. La ira, tanto en su forma más burda como en la más sutil, bloquea activamente la puerta a la sabiduría y a la compasión. Comete una violencia interna, aunque no externa.

Domar los pensamientos y las emociones de este modo es extremadamente importante a nivel práctico. Evita que cedamos nuestro control a un caballo salvaje que nos lleva a lugares a los que no queremos ir. Pero la técnica *purjom* tiene otra función importante. Al observar nuestros pensamientos y emociones emergentes y ver cómo se disuelven por sí mismos, vislumbramos su naturaleza genuina. Por lo general, tendemos a creer que los pensamientos y las emociones son cosas reales que existen de verdad. Pero cuando los examinamos, no aparecen. ¿Cómo pueden ser reales? Por tanto, además de ayudarnos a resolver los problemas prácticos que surgen, el *purjom* nos revela la verdadera naturaleza de nuestra realidad mental. Este tipo de percepción directa es profundamente transformadora.

Alguien me comentó una vez: «Dijiste que los pensamientos se disolverían de forma natural. ¿Adónde van?». Como dije antes, los pensamientos son como las olas del océano. Van y vienen, cesan. Las olas no van a ninguna parte. No tienen adónde «ir». Son parte del océano y seguirán siendo parte del océano. El océano, inalterado por las olas, es nuestra verdadera naturaleza y permanecerá inalterada por nuestros pensamientos, emociones o juicios.

FORMACIÓN EN LA DIGNIDAD

Mirando directamente a los pensamientos

- Comienza por ponerte en postura de meditación como se ha descrito anteriormente.
- Utiliza uno de los ejercicios de meditación en la respiración para calmar la mente y cultivar cierto grado de conciencia plena.
- Una vez que te sientas relajado y concentrado, libera tu concentración y observa tu mente.
- Cuando veas un pensamiento, simplemente míralo. No lo etiquetes ni lo sigas, es decir, no te quedes atrapado en su contenido. Si estás totalmente presente en el pensamiento en sí, verás cómo se disuelve. Esta es la técnica *purjom* descrita anteriormente.
- Cuando el pensamiento se disuelva, experimentarás una conciencia abierta. Descansa en ella mientras permanezca.
- Cuando vuelva a surgir un pensamiento, aplica la misma técnica.

Si aún no tienes mucha experiencia con la meditación, puede que este ejercicio te resulte difícil. No pasa nada.

Puedes seguir desarrollando la atención plena con los ejercicios anteriores. Con el tiempo, observar los pensamientos y ver cómo se disuelven te resultará fácil.

Mirar directamente a las emociones

Cuando aplicamos la técnica *purjom* para romper la interminable proliferación de pensamientos, también socavamos cualquier emoción que pudiera haberse generado y cualquier acción negativa que pudiera haberse derivado. Si no tenemos éxito al aplicar el primer paso de mirar directamente a un pensamiento, podemos mirar directamente a la emoción que surge del pensamiento. Si tenemos éxito, la emoción se disolverá inmediatamente y no tendrá la oportunidad de expresarse como una acción en el mundo.

Apoyo inspirador

En lugar de perseguir la ira, sé consciente de ella con delicadeza. No la rechaces, pero tampoco te detengas en ella. Simplemente, dirige tu atención a observar suavemente el pensamiento. En el momento en que te vuelvas hacia dentro para observar, el pensamiento se disolverá. En ese momento, espira y descansa.

Entonces, después de cierto tiempo, volverá. Así que vuelve a observarlo de nuevo. Se disolverá. Sigue practicando así, y el poder de la ira para atraparte se debilitará. No serás dominado por la crudeza de la emoción porque no la dejarás establecerse; no te aferrarás a ella.

Enseñanza oral de Nyoshul Khen Rimpoché,

según recuerda Phakchok Rimpoché

7. La curación del hábito de juzgar

Cambiar de hábitos es como enderezar un trozo de papel
muy enrollado. Despliegas el papel y lo enderezas,
pero si lo sueltas, vuelve a enrollarse solo.

ENSEÑANZAS ORALES DE TULKU URGYEN RIMPOCHÉ,
SEGÚN RECUERDA PHAKCHOK RIMPOCHÉ

En cierta ocasión estaba impartiendo un retiro de meditación
cuando oí a un alumno quejarse de otro estudiante. Habló de forma muy animada y agitada durante algún tiempo. A medida que
avanzaba el retiro, me di cuenta de que no había sido un incidente
aislado: en ese retiro, varios estudiantes tenían conflictos y se
quejaban los unos de los otros. Los conflictos con otras personas
son inevitables en la vida y pueden afrontarse con habilidad, para
resolverlos y reforzar los lazos. Pero los conflictos que acaban
en quejas solo crean más problemas y se convierten en un caldo
de cultivo perfecto para la ruptura de la armonía. Me entristeció
ver que esto ocurría.

En la sesión de enseñanza del día siguiente hice una distinción entre quejarse y compartir dificultades. Cuando nos

quejamos –en este caso, de otra persona– hablamos desde la agitación, lo que solo sirve para reforzar el conflicto. Por el contrario, cuando compartimos nuestras dificultades, confiamos en la bondad de los demás para que nos ayuden a tener una perspectiva de nuestro conflicto y una visión útil de cómo podemos resolverlo. Está bien compartir las dificultades con otra persona que está dispuesta a escuchar con simpatía, pero es un problema quejarse. Compartir las dificultades nos ayuda a reconocer y aceptar nuestra responsabilidad y a aprender; quejarse solo sirve para abandonar la responsabilidad y reforzar el hábito de juzgar.

Lo que pensamos, decimos o hacemos repetidamente cada día se convierte en hábito. A menudo, los hábitos se forman sin que seamos conscientes de ello. Es una lástima, porque los patrones habituales arraigados en nuestros pensamientos, palabras y acciones a menudo nos causan enormes dificultades a nosotros mismos y a los demás. Esto es especialmente cierto en el caso del juicio. «De todos los hábitos, el del juicio es el más difícil de domar», me recordó una vez mi abuelo.

¿Por qué es tan difícil domar el hábito de juzgar? Porque es difícil darse cuenta del juicio. Normalmente, no somos conscientes de nuestro juicio hasta que vemos sus consecuencias. Para entonces, nos encontramos enredados en un nudo de pensamientos, emociones y acciones imposibles de desatar. Las expresiones más burdas de juicio incluyen tener opiniones fuertes sobre uno mismo y los demás. Algunas expresiones de juicio son tan sutiles que escapan por completo a la detección, como los pequeños pensamientos gruñones del tipo «no me gusta esto» o «no me gusta aquello». Pero independientemente de cómo se exprese el juicio, su origen sigue siendo un misterio para muchos de nosotros. ¿Cómo hemos llegado a ser tan críticos?

Cartografiar el juicio en nuestro brazo

Como nuestra mente juzgadora es difícil de ver, comenzamos intentando comprender nuestros pensamientos y emociones. Pero no todos los pensamientos nos afectan de la misma manera. Lo que suele causarnos problemas son nuestros pensamientos perturbadores o negativos.

Como ya se ha mencionado, el Buda enseñó que tendemos a estar afligidos por los «cinco venenos». Recordemos que estos son las cuatro emociones de la ira, los celos, el orgullo y el apego, además del punto ciego que nos hace completamente inconscientes de lo que ocurre (también conocido como ignorancia). ¿De dónde proceden estos cinco venenos? Provienen del juicio. Si los cinco venenos provienen del juicio, ¿de dónde proviene el juicio? Viene de nuestro egocentrismo.

Podemos entender mejor estas relaciones por analogía con el cuerpo humano. Del mismo modo que mi maestro Nyoshul Khen Rimpoché utilizó los cinco dedos como metáfora de los cinco niveles de motivación, he descubierto que los cinco dedos son una forma ideal de describir cómo se relacionan las emociones negativas con el juicio y el egocentrismo. Si los cinco venenos son nuestros cinco dedos, el juicio es como el brazo y el egocentrismo es como el hombro. Al igual que nuestros cinco dedos se conectan con el brazo a través de la mano, los cinco venenos también están enraizados en el juicio. Así como el brazo sale del hombro, también el juicio surge de nuestro egocentrismo. He aquí una sencilla ilustración para que quede claro.

Cinco dedos ← brazo ← hombro
Cinco venenos ← juicio ← aferramiento al ego

Cuando no conocemos esta relación entre los cinco venenos, el juicio y el egocentrismo, nuestra mente está ciega: no podemos ver con claridad lo que impulsa nuestras acciones. Por lo tanto, para transformar nuestra mente debemos ocuparnos del juicio. Como he dicho antes, el juicio puede entenderse como un darse cuenta con una cola de emoción añadida. Esta cola a menudo se nos oculta. Cuando no vemos la emoción que acompaña al juicio, pensamos erróneamente que simplemente nos estamos dando cuenta.

¿Cómo podemos ver nuestros juicios? Podemos verlos a través de la autorreflexión. Al principio, puede que no nos demos cuenta en absoluto de nuestros juicios. A medida que continuamos reflexionando, los juicios que empezamos a notar serán fuertes, rápidos y reactivos. Esto es un juicio de nivel bruto. A medida que seguimos reflexionando, los juicios que notamos se vuelven cada vez más sutiles.

Nuestra mente es hermosa, de verdad. Cuando somos completamente sinceros al examinar nuestras faltas, el simple hecho de reconocer un juicio disuelve instantáneamente gran parte de él. En un instante, podemos hacernos cargo de gran parte de nuestro juicio. Pero ser capaces de hacerlo requiere tiempo y práctica. No siempre es fácil darse cuenta de nuestro propio juicio. Afortunadamente, podemos entrenarnos para hacerlo, y la recompensa es inmensa.

Amar es liberarse del juicio propio

El tema del amor propio se ha hecho muy popular en la época contemporánea. Las enseñanzas budistas tradicionales no mencionan este concepto, pero el Buda dio muchas enseñanzas sobre el amor bondadoso y la compasión. Estas actitudes no se centran en nosotros mismos, sino en nuestra interconexión con los demás y en la intención altruista de ayudarlos. Por ejemplo, cuando practicamos el amor bondadoso, recitamos el deseo: «Que todos los seres tengan felicidad y la causa de la felicidad». Cuando practicamos la compasión, pensamos: «Que todos los seres estén libres del sufrimiento y de las causas del sufrimiento». Como la gente suele estar tan centrada en el amor propio, quiere estar segura de que no se la deja de lado. Por eso, a menudo escucho la pregunta: «¿"Todos los seres" también me incluye a mí?». Por supuesto, la respuesta es sí, pero el enfoque es diferente. Puede parecer irónico, pero nuestra propia felicidad proviene de centrarnos en el bienestar de los demás, no en el nuestro. Esto se debe a que, cuando nos centramos directamente en nosotros mismos, tendemos a fijarnos en el ego. Pero cuando centramos nuestro amor en «todos los seres» –expresión que nos incluye, aunque solo indirectamente– el beneficio para nosotros es mucho mayor.

En nuestro mundo contemporáneo, todo se acelera, física y emocionalmente. Nuestros recursos están sobrecargados.

Tal vez porque es imposible satisfacer todas las demandas que se nos hacen, muchas personas han desarrollado alguna forma de odio a sí mismas y buscan una cura. Muchos suponen que la cura para el odio a uno mismo es el amor propio. Pero ¿qué es ese «amor propio»? ¿Por qué se le da tanta importancia?

He estado reflexionando sobre estas cuestiones. Lo que he descubierto es que el deseo de amor propio es, en realidad, un grito para liberarse del odio a uno mismo. Y el odio a uno mismo surge cuando nos juzgamos. Por lo tanto, el deseo de amor propio es, en realidad, el deseo de liberarnos de los juicios tiránicos que nos hacemos sobre nosotros mismos. ¿Has experimentado alguna vez que, después de que alguien hiera tus sentimientos durante unos segundos, acabas hiriéndote a ti mismo a lo largo de muchos años? Una palabra o un gesto de los demás puede provocar malestar o incluso temblores en nuestro interior. Las personas presas del juicio están sujetas a fluctuaciones extremas. Cuando los demás están de acuerdo con ellos, se sienten ganadores. Cuando no están de acuerdo, se sienten perdedores. Es como si un tirano viviera en su interior, juzgando constantemente todos sus movimientos.

Esta tendencia a juzgar es una vulnerabilidad, no una fortaleza. Tanto si nos juzgamos a nosotros mismos como a los demás, debemos preguntarnos «quién» está juzgando. El «quién» es el «yo». Cuando hay un pensamiento del «yo», hay egocentrismo. Nuestro ego quiere defenderse, así que juzga a los demás. Cuando el ego no tiene éxito, nos juzga. Como resultado, nos convertimos en nuestro peor crítico. No te quedes atrapado en este juego distorsionado de separar «yo» y «otro».

Una vez que te has liberado del juicio propio, el amor surge espontáneamente. Porque eres amor, no necesitas proclamarlo. Entonces, cada vez que oigas algo que alguien diga de ti, no reaccionarás. No tendrás el impulso de vengarte por las críticas que te hagan, ni tampoco te juzgarás a ti mismo. Puede que sigas sintiéndote herido, pero no te sentirás sacudido hasta la médula. Los demás no pueden hacerte daño. Del mismo modo, si otros te elogian, tampoco te lo tomarás demasiado en serio y podrás evitar la tentación de la autoinflación que conduce al orgullo.

Medicina antijuicio

Como hemos visto, nuestra mente que juzga tiene un efecto negativo tanto en el que juzga como en el que es juzgado. Cuando nos juzgamos a nosotros mismos, este efecto es aún mayor. Por lo tanto, además de reducir nuestra tendencia a juzgar mediante la autorreflexión y el darnos cuenta, debemos curar las heridas que nuestra mente juzgadora nos ha infligido. Es como mirar la mordedura de una serpiente venenosa: sabes que la serpiente te ha mordido, pero simplemente mirar la mordedura y saber qué tipo de serpiente era no te ayudará en absoluto. Lo que realmente necesitas es la medicina, el antídoto correcto.

En el caso del juicio, este antídoto es el amor bondadoso y la compasión. El amor bondadoso (*maitri* en sánscrito; *metta* en pali) es la intención y la capacidad de proporcionar alegría y felicidad a uno mismo o a otras personas. La compasión (*karu-*

na en sánscrito y pali) es la intención y la capacidad de aliviar el sufrimiento de otras personas o seres vivos.

El amor bondadoso y la compasión son cualidades que podemos cultivar, y existen meditaciones bien conocidas en la tradición budista para cultivar cada una de ellas. Comprende que no son cualidades separadas. La práctica del amor bondadoso genera tanto amor como compasión, del mismo modo que la meditación sobre la compasión cultiva tanto la compasión como el amor. El entrenamiento de la dignidad que se encuentra al final de este capítulo combina estos ejercicios de manera que hace que sus efectos sean más poderosos.

La meditación sobre el amor bondadoso y la compasión puede curar viejas heridas e introducir una nueva perspectiva y actitud hacia nosotros mismos y hacia los demás. Como verás enseguida, la esencia de esta práctica es desear a los demás felicidad y liberarlos del sufrimiento. Al principio será un ejercicio mental. Puede que no sientas que tu deseo de que los demás sean felices y estén libres de sufrimiento sea genuino. Eso está bien. Poco a poco, tu deseo se hará más sincero. Poco a poco, sentirás que tu corazón se abre. Al saber más profundamente que, al igual que tú, todo el mundo desea ser feliz y estar libre de sufrimiento, empezarán a surgir sentimientos genuinos de compasión y amor bondadoso. Te sentirás humilde y tu corazón se volverá puro. Sabrás que tu corazón es puro cuando no puedas identificar a nadie que te desagrade, a quien odies o contra quien sientas rencor.

En efecto, la mejor manera de conseguir el amor propio es practicar la meditación sobre el amor bondadoso y la compasión. Cuando dejas que el amor bondadoso y la compasión impregnen tu mente y tu corazón, dejas de sufrir emociones y juicios negativos. Gracias al poder curativo del amor bondadoso y la compasión, podrás desarrollar confianza en ti mismo y acceder a tu dignidad innata.

FORMACIÓN EN LA DIGNIDAD

Meditación en el amor bondadoso y la compasión

En esta práctica, en lugar de centrarnos directamente en la respiración, como hicimos en el capítulo cinco, utilizamos la respiración como ancla mientras adoptamos un enfoque diferente para cultivar el amor bondadoso y la compasión.

Busca un lugar tranquilo y sereno donde puedas hacer lo siguiente:

- Siéntate en una posición cómoda y respira con naturalidad.
- Si tu mente está activa, dedica un poco de tiempo a inspirar y espirar hasta que la mente esté en paz y en calma. A continuación, procede.
- Recuerda a alguien que esté sufriendo en este momento, ya sea de dolor, infelicidad, depresión o ansiedad.
- Mientras inspiras, desea a esa persona que se libere del sufrimiento y de la causa del sufrimiento, recitando mentalmente: «Al inspirar, le deseo que se libere del sufrimiento».

- Al espirar, desea profundamente que esa persona tenga felicidad y la causa de la felicidad: «Al espirar, te deseo felicidad».
- Repite estos deseos profundos, coordinándolos con el ciclo natural de tu respiración, mientras mantienes la imagen mental de la persona cuyo sufrimiento quieres aliviar.

Mientras inspiras y espiras, puedes utilizar un gesto con las manos para reforzar tu concentración. Mientras inspiras, dirige suavemente las palmas de las manos hacia el pecho, deteniéndote unos centímetros antes de tocarlo. Es como si la inspiración tirara de las manos hacia dentro. Al espirar, gira suavemente las palmas de las manos y deja que se deslicen suavemente hacia fuera con la respiración. A continuación, vuélvelas a girar e inspira. Esta técnica es opcional; utilízala si te resulta apropiada.

Usando o no las manos como soporte, piensa en la persona a la que envías tus buenos deseos y repite estas breves frases tantas veces como puedas, dejando que el sentimiento de bondad y compasión llene tu corazón:

Inspirando, te deseo que te liberes del sufrimiento.
Espirando, te deseo felicidad.

Si no puedes pensar en una persona concreta que esté sufriendo ahora, puedes empezar este ejercicio con alguien que te sea querido, como un familiar o un amigo íntimo. A continuación, extiende los mismos sentimientos a los amigos de sus amigos, luego a los desconocidos, personas por las que no sientes afecto ni animadversión. A continuación, extiende estas actitudes a los «enemigos», personas con las que tienes o has tenido dificultades.

Con el tiempo, podemos extender estos deseos a todos los seres: «Deseo que todos los seres se liberen del sufrimiento. Deseo que todos los seres sean felices».

Apoyo inspirador

La práctica de la compasión comienza en casa. Tenemos a nuestros padres, a nuestros hijos y a nuestros hermanos y hermanas, que quizá son los que más nos irritan, y empezamos nuestra práctica del amor bondadoso y la compasión con ellos. Luego, gradualmente, extendemos nuestra compasión a nuestra comunidad, a nuestro país, a los países vecinos, al mundo y, finalmente, a todos los seres sintientes por igual, sin excepción. Extender la compasión de este modo pone de manifiesto que no es muy fácil sentir compasión instantáneamente por «todos los seres sintientes». Teóricamente, puede ser cómodo tener compasión por «todos los seres sensibles», pero a través de nuestra práctica nos damos cuenta de que «todos los seres sensibles» es un conjunto de individuos. Cuando intentamos generar compasión por todos y cada uno de los individuos, resulta mucho más difícil. Pero si no podemos trabajar con un individuo, ¿cómo podremos hacerlo con todos los seres sensibles? Por lo tanto, es importante que reflexionemos de forma más práctica, que trabajemos con compasión por los individuos y que luego ampliemos esa compasión.

DZOGCHEN PONLOP RIMPOCHÉ[18]

8. El coraje de amar

Si tienes un corazón sincero y abierto,
sientes naturalmente autoestima y confianza.
No hay necesidad de tener miedo a los demás.

EL XIV DALAI LAMA[19]

El 25 de abril de 2015 era sábado. Yo estaba participando en un acto en el monasterio de Shechen, en Katmandú, a pocos minutos a pie de mi casa. De repente, la tierra tembló violentamente. Como muchos objetos de nuestro entorno se desmoronaron, los asistentes al acto empezaron a salir corriendo despavoridos del edificio. Mi mujer también estaba allí e inmediatamente nos miramos. Lo primero que pensamos, llenos de ansiedad, fue en nuestros hijos, que estaban en casa. «¿Estarán a salvo?», nos preguntamos. Por suerte, sí. Aun así, les sacudió esta primera experiencia de la tierra retumbando bajo sus pies y de objetos cayendo delante de ellos. Más tarde supimos que se trataba de uno de los terremotos más mortíferos de la historia de Nepal. Con una magnitud de 7,8, y seguido de cientos de réplicas, se cobró casi nueve mil vidas, dejó más de veinte mil heridos y dejó sin hogar a cientos de miles de nepalíes. Algunas aldeas quedaron gravemente dañadas o completamente aniquiladas. Fue devastador. El sufrimiento que infligió este terremoto fue insondable.

Sin embargo, lo que ocurrió después fue extraordinario. Por mi trabajo en varios monasterios de Nepal, conozco personalmente a muchos monjes y monjas. Entre ellos, apenas había signos de trauma, desesperación o emoción abrumadora, a pesar de que algunos procedían de aldeas que habían sufrido graves daños y donde habían perdido amigos y familiares. En lugar de aferrarse a sus pérdidas personales y llorar desconsoladamente –«¿Por qué afectó el terremoto a mis amigos y familiares?»–, se mantuvieron tranquilos y positivos. Rápidamente, varios monasterios se convirtieron en cuarteles generales de ayuda a los damnificados, y muchos de estos monjes y monjas empezaron inmediatamente a ayudar para proporcionar alimentos, refugio y suministros médicos a los necesitados.

Ayudar a aliviar el sufrimiento de los demás y aportarles felicidad es el núcleo de las enseñanzas del Buda y, por tanto, una práctica habitual de estos monjes y monjas. Los seres humanos estamos mucho más interconectados y somos más interdependientes de lo que pensamos. He comprobado que, en catástrofes naturales como el terremoto de Nepal, la gente toma conciencia de su interconexión y reconoce que todos, como ellos, quieren ser felices y no sufrir. Sean cuales sean nuestras circunstancias personales en cuanto a situación económica, sexo, raza, educación, etc., todos queremos estar seguros, protegidos, en paz y felices. Con esta conciencia, surge en nosotros una conexión espontánea con los demás y se nos abre el corazón. Queremos ayudar.

Una mente tranquila y en paz

La tierra seguía temblando. Las sombrías predicciones de grandes réplicas nos mantenían alerta. Había ladrillos y escombros hasta donde alcanzaba la vista. Mientras tanto, la mayoría de nosotros nos hacinábamos en tiendas de campaña en campo abierto para evitar el peligro de los edificios que se derrumbaban. Muy pronto, muchas personas, no solo los monjes y monjas del monasterio, se unieron a las tareas de socorro. Entre ellos había amigos, amigos de amigos, vecinos, estudiantes de los monasterios y completos desconocidos. Abrieron sus corazones, dando prioridad a su deseo de ayudar a los demás y aliviar el sufrimiento. Su valentía y coraje ante el desastre natural fueron extraordinarios.

El budismo tiene un término para aquellos seres con el valor de amar plenamente a los demás, incluso ante los mayores desafíos. Los llamamos *bodhisattvas*. Los bodhisattvas se comprometen a anteponer el bienestar de los demás al suyo propio. Reconocen que la mayor felicidad proviene de beneficiar a los demás y que el ensimismamiento solo trae miseria. Durante el terremoto de Nepal, estos voluntarios actuaron como bodhisattvas, influyendo positivamente en la vida de los demás y, en consecuencia, beneficiándose a sí mismos.

Las mismas cualidades amorosas de un bodhisattva están siempre y ya dentro de nosotros; son el núcleo de la humanidad y una piedra de toque de nuestra dignidad interior. Normalmente, estas cualidades permanecen latentes y rara vez asoman, pero las catástrofes tienen una forma de hacer que se manifiesten en nuestra prisa espontánea por ayudar a los demás. Mis amigos estadounidenses me contaron que lo mismo ocurrió en 2001, inmediatamente después de los atentados terroristas del 11 de septiembre contra el World Trade Center y el Pentágono. Gente de todo el país hizo cola en los hospitales para donar sangre para las víctimas heridas en Nueva York y Washington D. C. Vemos casos similares en todo el mundo. Estos acontecimientos demuestran que todos llevamos dentro estas cualidades de amor, y aunque las circunstancias que hacen que afloren son atroces, es alentador ver la humanidad fundamental que emerge con toda su fuerza.

La mayoría de nosotros dependemos de circunstancias externas para que afloren nuestras buenas cualidades. Por ejemplo, puede que al principio estemos ansiosos por responder a la ayuda del terremoto de Nepal, pero cuando el seísmo haya pasado, también lo estará nuestro interés por ayudar. Las condiciones externas pueden ser una poderosa motivación para que se manifiesten nuestras buenas cualidades, pero cuando esas mismas condiciones dejan de existir, volvemos fácilmente al viejo patrón de preocuparnos principalmente por nosotros mismos. Nuestro deseo de ayudar a los demás se marchita. Nuestro buen corazón es tal que podemos tener la sincera intención de ser amables y compasivos con los demás, pero los complejos hábitos de nuestra mente nos llevan en la dirección opuesta. Nuestra bondad y nuestra compasión fluctúan, de manera incoherente y limitada. A veces somos cariñosos, amables y serviciales con los demás. Otras veces nos encerramos en nosotros mismos y nos desconectamos de los demás. Actuamos de forma egocéntrica, con poca conciencia o preocupación por las consecuencias de nuestras acciones negativas. Tenemos la costumbre de desconectar de nuestras mejores cualidades.

Afortunadamente, podemos cambiar nuestros patrones habituales y aprender a ser amorosos, amables y serviciales con los demás, independientemente de las circunstancias externas. ¿Cómo se transforman los bodhisattvas para que sus cualidades de amor, bondad y compasión brillen sin obstáculos?

Bodhisattva es una palabra sánscrita que se traduce al tibetano como *jangchup sempa*. Resulta revelador profundizar en el significado de este término tibetano. *Jangchup* apunta a un estado mental que se ha purificado de emociones negativas, que es también una mente en la que se ha permitido que florezcan cualidades positivas. *Sempa* significa «valentía» o «coraje». Así pues, los bodhisattvas son seres valientes que se esfuerzan por beneficiar a los demás exclusivamente por compasión. El coraje de los bodhisattvas se basa en un corazón estable, libre de emociones negativas e impregnado de emociones positivas. Esto implica que desarrollar la intención consciente y sincera de ayudar libre y generosamente a los demás requiere que nos liberemos de nuestras propias emociones perturbadoras y cultivemos una mente pacífica y tranquila. Cuando podemos mantener una mente tranquila y en paz, nuestro amor y compasión se vuelven estables, fuertes y listos para la acción. Como hemos visto, cultivar una mente clara y tranquila requiere ver con precisión nuestras limitaciones, defectos e imperfecciones actuales. En primer lugar, debemos reconocer y admitir las tendencias negativas habituales que nos atan antes de poder eliminarlas para revelar las cualidades internas de bondad y compasión que se esconden bajo ellas.

Ablandar el corazón con la comprensión (compasión)

Si miramos a nuestro alrededor con consciencia y atención plena, podemos empezar a ver con claridad los tipos de sufrimiento de los que hemos hablado anteriormente. Recuerda que sufrimiento, o dukkha, no significa necesariamente dolor torturante o angustia abrumadora. Se refiere a una amplia gama de experiencias que implican incomodidad, incertidumbre, lucha, dolor o pena. Una vez que nacemos, inevitablemente envejecemos, enfermamos y morimos. Y lo mismo ocurre con nuestros seres queridos. El sufrimiento derivado de estas experiencias es inevitable. Además de las dificultades más graves, como son las guerras, los desastres naturales, las hambrunas y pandemias, experimentamos innumerables decepciones y heridas emocionales a lo largo de nuestra vida cotidiana. Si reflexionamos con atención plena, podemos componer una lista sorprendentemente larga de experiencias llenas de sufrimiento. Pero no te limites a conceptualizarlo. Siéntate en silencio, contempla la realidad del sufrimiento y ponte las manos en el corazón. ¿Qué sientes ante el sufrimiento que te rodea?

Puede que empecemos a sentir el auténtico deseo de aliviar o mitigar el dolor y la pena de los demás, pero, a pesar de tener las mejores intenciones, aún no hemos desarrollado la capacidad de ayudar de una forma realmente eficaz. Si nuestra compasión es emocional, quedándonos solo en el nivel de los sentimientos, podemos empeorar las cosas en lugar de mejorarlas.

El cultivo de la verdadera compasión y amor bondadoso requiere sabiduría. La sabiduría trasciende nuestras emociones y sentimientos efímeros y nos permite vernos a nosotros mismos, a los demás y al mundo con claridad. Nuestras emociones negativas siempre distorsionan lo que vemos, mientras que la sabiduría ve las cosas como realmente son, sin el filtro de nuestros propios problemas, preocupaciones y reactividad. La sabiduría y la compasión trabajan juntas como aspectos diferentes pero relacionados del mismo corazón despierto. Y la sabiduría desempeña un papel importante a la hora de ablandar ese corazón.

Cuando vemos sufrir a los demás, especialmente a nuestros seres queridos, naturalmente deseamos que se liberen de sus dificultades. Pero si queremos ayudarlos, debemos aprender a comprender los factores que causan y dan soporte a su sufrimiento. Normalmente, cuando vemos un problema, nos centramos en él, no en lo que hay detrás. Si no abordamos su raíz, la misma situación se repetirá una y otra vez. La solución es cultivar y fortalecer nuestra capacidad de ver y comprender tanto la causa subyacente del problema como las condiciones que lo sustentan. El mismo principio se aplica tanto si hablamos del sufrimiento ajeno como del propio. La tradición budista se refiere a estos dos factores con la conocida frase «causas y condiciones».

En pocas palabras, «causas y condiciones» significa que nada ocurre accidentalmente. Toda aparición es el resultado de una multitud de causas y condiciones interconectadas. Por ejemplo, cuando un árbol da fruto, la causa subyacente de ese fruto es la semilla que germinó originalmente en el suelo. Las condiciones que favorecieron que esa semilla se convirtiera en un árbol incluyen el suelo, la lluvia, el sol, los patrones climáticos y muchos otros factores demasiado numerosos para enumerarlos. Del mismo modo, podemos reflexionar y reconocer las causas y condiciones de nuestro propio sufrimiento y el de los demás. Esta comprensión ablanda nuestro corazón. A medida que esta comprensión se hace más y más profunda, nuestro corazón se abre más y más hasta abarcar a todos los seres vivos. Con el tiempo, llegamos a comprender que todo el mundo, como nosotros, quiere liberarse del sufrimiento y el dolor. También comprendemos qué ha provocado ese dolor y qué hay que hacer para superarlo.

¿Cuáles son las causas y las condiciones que han producido el fruto de nuestro sufrimiento? Deberíamos reflexionar sobre ello. Al final, todo se reduce a no conocernos a nosotros mismos, a no saber que nuestra naturaleza es pura. No nos damos cuenta de que somos inherentemente amorosos, compasivos y sabios. No conocer nuestro verdadero yo nos lleva a un cúmulo de emociones negativas. Esta es la confusión básica que está en la raíz de nuestro sufrimiento. Como en el caso del árbol frutal, los condicionantes de nuestro sufrimiento son innumerables. A medida que llegamos a comprender nuestro propio sufrimiento, llegamos a comprender el sufrimiento de los demás.

La verdadera compasión surge al comprender que los demás no son sus problemas. Al igual que nosotros, su naturaleza es pura, pero la han perdido de vista. Han perdido el contacto con su dignidad interior. Cuando no tenemos esa comprensión de nosotros mismos, cuando nuestro corazón es estrecho y rígido en lugar de abierto y blando, tendemos a culpar a los demás de los errores que cometen. No vemos todos los factores que contribuyen a sus acciones y pensamos que hay algo fundamentalmente erróneo en ellos. Esto crea barreras para ablandar nuestros corazones, en lugar de ser compasivos y bondadosos.

Cuando nos encontramos con personas difíciles que sufren, puede que no sea fácil practicar la compasión correctamente. Nuestro corazón puede tensarse y volverse rígido. Cuando vemos los errores que cometen, es fácil culparlos rápidamente de su miseria, su desgracia y sus dificultades, ¿verdad? Pero ¿conocemos la trama de sus días o la totalidad de la historia de sus vidas? ¿Sabemos lo que ocurre entre bastidores? ¿Podemos mirar debajo de su fachada para ver la inseguridad y la confusión que hay en su interior? ¿Podemos ver las complejas causas y condiciones que han desembocado en su miseria, desgracia y penuria?

Imagina que estás haciendo cola para comprar entradas de cine. Una mujer viene por detrás, choca contigo y se mete en la sala antes que tú. Lo primero que piensas es: «¡Qué maleducada! ¿Quién se cree que es para entrar antes que los demás?». Cuando descubres que su hija estaba en el cine con un ataque, tu reproche y tu juicio desaparecen y tu corazón se ablanda. Lo que cambió fue tu comprensión. Este es un ejemplo sencillo, pero lo mismo se aplica en otras situaciones, sin importar la complejidad de los factores implicados. La compasión es siempre la respuesta adecuada.

La tendencia a culpar surge de interpretar a los demás desde un punto de vista estrecho, carente de sabiduría o comprensión. Cuando somos egocéntricos, creemos que la gente merece ser castigada por sus malas acciones. En el budismo no existe el concepto de castigo. Cuando plantamos un árbol frutal, obtendremos frutos. Del mismo modo, cuando cometemos errores, obtendremos el resultado de nuestros errores. No es un castigo de nadie ni de nosotros mismos. Es una ley natural. Si podemos abstenernos de culpar a los demás, podemos ablandar nuestro corazón para ver las causas y condiciones que hay detrás de sus errores; nuestra compasión y bondad crecerán y se volverán amplias e imparciales, como el sol que brilla por igual sobre todos.

Algunas personas se resisten a practicar la compasión, pensando que les hará débiles. Piensan que su corazón se ablandará demasiado. «¿No es una debilidad ser amable todo el tiempo?», me preguntó una vez un estudiante. Le di muchas vueltas a la pregunta. «La verdadera compasión no es un signo de debilidad», le dije. Por el contrario, es un signo de fortaleza. Por supuesto, si solo tenemos compasión emocional, nuestra mente será inestable y eso nos hará débiles. En este sentido, el estudiante tiene razón, pero solo si no entendemos lo que significa realmente la compasión.

La compasión emocional no es del todo mala; es un buen punto de partida para la práctica de la compasión. Pero sin sabiduría, la compasión emocional puede caer en el «juego de la culpa». A medida que nuestra compasión evoluciona e incorpora la comprensión de las causas y las condiciones, la culpa desaparece por completo. Desarrollamos un amor incondicional por los demás y una enorme confianza en nosotros mismos. Encontramos nuestra dignidad interior y aprendemos a abrazarla. Cuando combinamos la dignidad con la compasión, podemos vernos a nosotros mismos y a los demás con claridad, y sentimos el fuerte deseo de que los demás se liberen no solo de su sufrimiento inmediato, sino, lo que es más importante, de las causas del sufrimiento.

En cuanto al temor del estudiante de que la práctica de la compasión ablande demasiado su corazón, eso no es posible. El corazón ya es blando. Cuando hablamos de ablandar el corazón, en cierto modo esto significa ablandar las defensas que protegen el corazón de los sentimientos de vulnerabilidad. Estas defensas incluyen nuestra personalidad y la estructura de nuestro carácter. Podemos decir que somos duros, que no lloramos o que no nos ponemos sentimentales ni sensibleros. Pero por muy duros que finjamos ser, todos tenemos el mismo corazón suave y tierno en el fondo de nuestro ser. Lo que nos hace verdaderamente duros es permitirnos ser vulnerables, bajar nuestras defensas para que nuestro corazón pueda ser tocado. En este sentido, la compasión requiere una enorme valentía. Al mismo tiempo, requiere sabiduría para que, cuando nuestro tierno corazón sea tocado, podamos seguir funcionando.

El amor en la expresión «amor bondadoso» (el amor bondadoso)

Lo mismo ocurre con el amor bondadoso: requiere un enorme valor. Recuerda que, en la tradición budista, el amor bondadoso es el deseo de que todos los seres sensibles sean felices y obtengan la causa de la felicidad. Nadie se opondría a un deseo de este tipo, ¿verdad? El amor bondadoso es una de las cualidades más simples, naturales, bellas y preciosas de la humanidad. Todos lo hemos experimentado, naturalmente. Y, sin embargo, pensamos habitualmente en el amor como algo que damos a los demás con la expectativa de recibir amor a cambio.

Al igual que con la compasión, un sentimiento de amor bondadoso no es suficiente, requiere comprensión. Sin comprensión no hay bondad. ¿Qué debemos comprender? En primer lugar, debemos reconocer que todos los seres vivos, tanto humanos como animales, son iguales a nosotros en un aspecto esencial: todos queremos ser felices y estar en paz. Así como hay causas y condiciones para el sufrimiento, hay causas y condiciones para la felicidad. Y el amor es querer esas causas y condiciones para todos.

Al principio, nuestra bondad es como el brote de una planta joven, vulnerable a condiciones externas como el viento o las tormentas. Es parcial en el sentido de que nos amamos a nosotros mismos y a los que están cerca de nosotros más de lo que amamos a los extraños, un sesgo que surge de nuestro hábito de apreciarnos a nosotros mismos más que a los demás. Mediante la práctica del amor bondadoso, nuestra actitud hacia los demás puede cambiar y ampliarse para incluir círculos más amplios de seres. Cuanto más cultivamos el amor bondadoso, más nos liberamos de nuestra actitud de autodesprecio y de las emociones negativas asociadas a ella, como la ira, el orgullo y los celos.

Cuando irradias amor, naturalmente no puedes enfadarte ni mirar con orgullo a los demás. En lugar de eso, ves a todos y a todo por igual y con claridad, con la comprensión amorosa de que todas las apariencias surgen de una red de causas y condiciones entrelazadas. Tu bondad se convierte en aceptación total, sin discriminación. Practicar el amor bondadoso de este modo obviamente beneficia a los demás, pero especialmente te beneficia a ti. Todos queremos amor, pero solemos pensar que tenemos que encontrarlo fuera. En este caso, en lugar de buscar el amor de otra persona, tú eres el amor.

Como puedes ver, en la tradición budista, la práctica de la compasión y el amor bondadoso se centra principalmente en los demás, no en nosotros mismos. Hay buenas razones para ello. Nuestro habitual amor propio tiende a frustrar nuestro potencial interior de ser abiertos, amables y serviciales. Cuando centramos nuestra atención únicamente en nosotros mismos, nuestra mente-corazón se estrecha, creyendo erróneamente que estamos aislados, somos independientes y sólidos. Olvidamos que estamos interconectados con otras personas, animales, el medio ambiente y nuestras comunidades. Tener compasión y amor bondadoso es reconocer y fortalecer nuestra conexión con otros seres vivos. Esto solo puede ocurrir cuando nuestro corazón es blando y abierto, no cuando es rígido e inflexible.

La compasión y el amor en acción

Recientemente, un estudiante me contó cómo la enfermedad le ablandó el corazón ante el sufrimiento ajeno. Hace muchos años, enfermó de lo que parecía ser un resfriado inusual, pero, en lugar de mejorar, empeoró. Finalmente, un especialista le diagnosticó lo que se denomina síndrome de fatiga crónica y disfunción inmunitaria, una enfermedad que puede ser tan debilitante como misteriosa. En los primeros meses de la enfermedad, tuvo que dejar de trabajar. Decidió dedicar su tiempo a una organización llamada «Meals on Wheels» («Comidas sobre ruedas»), que reparte comida a discapacitados y personas confinadas en casa.

Al final de su primer día de reparto de comida, el estudiante se sintió invadido por una alegría inexpresable e inesperada. Surgieron en su corazón sentimientos de calidez y ternura, junto con una profunda sensación de interconexión. Se sintió feliz de haber marcado una diferencia, por pequeña que fuera, en la vida de esas personas. Esta experiencia le ayudó a relativizar su propia enfermedad. Ver el sufrimiento de los demás le ablandó el corazón y empezó a despertar la compasión. Se sintió mucho más gratificado por dar a los necesitados que lo que sentía por las posesiones materiales, el entretenimiento sin sentido o los elogios de los demás.

Unos años más tarde, se recuperó totalmente de su enfermedad. Con el tiempo, consideró su enfermedad como un regalo por la forma en que había cambiado su perspectiva vital. Y atribuyó el ablandamiento de su corazón al trabajo voluntario como un factor importante que contribuyó a su recuperación. Ayudar a otros necesitados le había ayudado a afrontar su propia vida desde una nueva perspectiva. Aprendió que ayudando a los demás se beneficiaba a sí mismo. Aunque en aquel momento no pensaba en ello en estos términos, estaba aprendiendo a desear desinteresadamente que los demás fueran felices y no sufrieran, lo cual le proporcionaba una enorme sensación de satisfacción.

Este estudiante se convirtió más tarde en profesor en una universidad. Un semestre preguntó al azar a sus alumnos: «¿Cuántos de vosotros habéis hecho alguna vez trabajo de voluntariado?». Se sorprendió gratamente cuando todos levantaron la mano. A continuación, preguntó: «¿Cuántos de vosotros habéis encontrado algo inusualmente satisfactorio en ese trabajo, algo que ninguna otra experiencia podría igualar?». Para su asombro, todos los participantes volvieron a levantar la mano. Su experiencia no había sido única. El deseo de ayudar a los demás refleja algo importante de la condición humana. Ha repetido este experimento en diferentes ocasiones con distintos grupos de estudiantes, siempre con el mismo resultado. En el corazón de estos jóvenes estudiantes, y en el de todos nosotros, hay una preocupación empática por el bienestar de los demás. Este buen corazón es un trampolín para cultivar ilimitada compasión y bondad. Podemos ablandar nuestro corazón poco a poco, abrazar a la gente con amor poco a poco y fortalecer nuestra capacidad de ser amables y serviciales poco a poco. Paso a paso, ampliamos nuestra capacidad de cultivar un estado mental que puede provocar las causas de la compasión y el amor bondadoso en la vida de otras personas. Entonces veremos que nuestra compasión y nuestro amor son, en última instancia, ilimitados y omniabarcantes.

La alegría en el regocijarse
(alegría empática)

Otra forma de ampliar nuestra capacidad de amar es alegrarnos de la felicidad, el éxito y la buena fortuna de los demás. Pero alegrarse por los demás es sorprendentemente difícil. A muchos nos resulta más fácil sentir compasión por el dolor de otra persona que alegrarnos de su éxito.

Imaginemos que uno de nuestros compañeros recibe un ascenso en el trabajo. ¿Nos alegramos de la felicidad de esa persona o sentimos envidia? Tal vez pensemos: «¡Ese ascenso debería haber sido para mí!». Si es así, nos estamos creando sufrimiento a nosotros mismos, inevitablemente. Cuando tenemos celos –un sentimiento de amargura hacia los demás que tienen algo que nosotros no tenemos– nuestra mente se nubla. Es difícil ver las situaciones con claridad y, por tanto, aceptar las cosas como son. Cuando esto ocurre, es casi imposible sentirse bien por los demás. Pero podemos invertir esta tendencia simplemente deleitándonos en la felicidad de los demás. Disfrutar de la felicidad de los demás hace que desaparezca inmediatamente nuestra envidia hacia ellos y que surja la alegría en nosotros. Un ejemplo sencillo lo dejará claro.

En una ocasión, una estudiante y algunos de sus compañeros de trabajo fueron invitados a la casa del jefe para una fiesta navideña. En la tarjeta de invitación figuraba una lista exhaustiva de los logros profesionales o personales más notables de cada uno de los compañeros, como alcanzar una cuota de ventas, recibir un premio, mudarse a una nueva casa o tener un bebé. El nombre de esta estudiante era el único que no se mencionaba, a pesar de haber sido invitada. Se preguntaba inquieta: «¿Por qué no me ha mencionado mi jefe?». Especuló que su jefe tenía algo contra ella o que no era lo bastante buena en su trabajo. Luego se preocupó por cómo la percibirían los demás. «Es probable que mis compañeros se rían de mí a mis espaldas», pensó. Agonizando con todas las dudas que su mente había generado, temió la fiesta y no se atrevió a asistir.

Más tarde, cuando se enteró de la práctica de alegrarse por los logros de los demás, la estudiante se quedó boquiabierta. «Es tan fácil. Ya lo entiendo. Es como si de repente se me encendiera una bombilla», comentó con seriedad. Al recordar el incidente de la fiesta, vio cómo su reacción exagerada se disipaba rápidamente. Por primera vez, pudo sentir la alegría por los éxitos y logros de sus compañeros.

A menudo se destaca la alegría como antídoto contra los celos. Pero el regocijo es mucho más poderoso que eso, porque puede desterrar cualquier emoción negativa. En el caso de esta alumna, no es que tuviera celos de los demás. Su hábito de centrarse solo en sí misma y no ver a los demás había dado lugar a sentimientos de insuficiencia e incertidumbre. El regocijo nos libera de aferrarnos a nosotros mismos y ayuda a disminuir nuestra sensación de soledad y aislamiento. No podemos tener alegría solos. La alegría surge en nosotros solo cuando reconocemos nuestras conexiones con otras personas y apreciamos su felicidad y bondad.

Precioso, no especial (ecuanimidad)

Al trabajar con el equipo de voluntarios tras el terremoto de Nepal, aprendí que los voluntarios más felices eran los que ayudaban sin discriminar ni juzgar. No mostraban ningún tipo de mentalidad de héroe o salvador, creyéndose especiales o mejores que los demás. Al no discriminar entre uno mismo y los demás, ofrecían su tiempo y energía con paz y satisfacción. Gracias a su ecuanimidad, no se tomaban las cosas como algo personal ni se aferraban a experiencias positivas o negativas. Esta capacidad de ver a todos como iguales y de estar contentos con lo que ocurre es la base a partir de la cual podemos liberarnos de las tendencias negativas del apego y la aversión.

Es comprensible que, al principio, a muchos de nosotros no nos resulte fácil tener ecuanimidad con todo el mundo. Es mucho más fácil ayudar a la gente que nos cae bien que a la que no. Sin embargo, debemos recordar que «gustar» y «no gustar» son juicios. Ya hemos visto lo destructivos que son los juicios. El juicio refleja una mente atrapada en la emoción. Nos hace parciales e incapaces de ver a los demás con claridad. Si no podemos ver a los demás con claridad, nuestra capacidad para desarrollar la compasión, la bondad y la alegría será muy limitada. Pero cuando cultivamos la ecuanimidad, viendo a todos los seres como iguales y experimentándolos de esa manera, eliminamos por completo el juicio. Entonces nuestra compasión, bondad y alegría no tienen límites. Pueden extenderse a todos los seres sin discriminación. De este modo, la ecuanimidad sirve de apoyo vital a estas otras preciosas cualidades.

Un amigo sueco me dijo una vez que parte de la cultura escandinava consiste en no considerarse especial. «No te creas nada especial» es la regla número uno de las diez normas que se conocen como «la ley de Jante». La idea se describe en una historia de ficción, pero me contaron que es un código social tácito en toda Escandinavia. Aunque no se incluya en la educación formal, esta idea está arraigada en la gente desde una edad temprana. Esta noción de no anteponerse a los demás resuena con las enseñanzas del Buda sobre la ecuanimidad. Cuanto más nos demos cuenta de que todos somos iguales en el deseo de ser felices y no sufrir, más podremos vivir en paz y armonía. No ponernos por encima de los demás –no sentirnos especiales– no significa que nos menospreciemos o nos sintamos indiferentes. Al contrario, cuando desarrollamos la cualidad de la ecuanimidad y vemos a todos como iguales, llegamos a apreciar la preciosa existencia de todos los seres vivos.

La ecuanimidad es un estado mental libre de ansiedad, preocupación y estrés. Cuando tenemos excesiva preocupación o miedo, es difícil abrir el corazón para expresar amor. Nuestra preocupación y nuestro estrés nos impiden ver la preocupación y el estrés de los demás. Cuando estamos libres de preocupaciones, no solo podemos vernos a nosotros mismos con claridad, sino que podemos reconocer los estados de ánimo de los demás y relacionarnos con ellos con compasión y comprensión. Las diferencias entre uno mismo y los demás, entre amigos y enemigos, desaparecerán de forma natural.

Cuatro cualidades inconmensurables del amor

Recordemos que la *bodhicitta*, «el corazón despierto», es el deseo sincero de llevar a todos los seres a un estado de iluminación perfecta y de liberación del sufrimiento. La esencia de la bodhicitta es cultivar el amor motivado por este deseo. Cultivar un amor tan inmenso requiere tiempo, valor y compromiso. A través de un proceso gradual, desarrollamos las cuatro cualidades de la mente descritas anteriormente: amor bondadoso, compasión, alegría y ecuanimidad. Estas cuatro cualidades se conocen comúnmente como los «cuatro inconmensurables».

Son «inconmensurables» porque, a diferencia de los sentimientos y emociones ordinarios, que van y vienen, su inmensidad no conoce límites. Cuando practicamos cultivando estas cuatro cualidades, nuestra capacidad de amar se expande tanto que abarca el mundo entero y todos los seres que hay en él. Son verdaderamente las moradas del verdadero amor.

Sería un error pensar que estas cuatro cualidades están separadas unas de otras; los cuatro inconmensurables están fundamental y completamente interconectados. Por ejemplo, cuando nos entrenamos en el amor bondadoso, deseamos que todos los seres tengan felicidad y la causa de la felicidad. Al sentir sinceramente este deseo, nos expandimos hacia la experiencia de quienes nos rodean. A medida que nuestra tensión se afloja, sentimos más profundamente las alegrías y los sufrimientos de los demás, y nos sentimos movidos a ayudarlos. De este modo, crece nuestra compasión. Además, al desear felicidad a los demás, nos alegramos naturalmente de sus éxitos, lo que aumenta nuestra alegría empática. Al enraizarnos en la pureza de nuestra intención, cultivamos una ecuanimidad en la que nuestra distancia o cercanía a los demás deja de ser relevante para nuestro deseo de que sean felices.

De este modo, estas cuatro cualidades –amor bondadoso, compasión, alegría empática y ecuanimidad– amplían nuestra capacidad de amar. Esta es la razón por la que el Buda dijo que nos hacen inquebrantables como una montaña. Cuando nuestro amor es inquebrantable como una montaña, es puro y sin cálculos. Nuestro corazón es cálido, amable y cariñoso. Es tierno y abierto al sufrimiento de los demás, sin juzgarlos ni culparlos. Irradiamos alegría cuando celebramos la felicidad, el éxito y la buena fortuna de los demás. Y al mismo tiempo, al estar profundamente arraigados en la ecuanimidad, nos sentimos completamente tranquilos.

Ya hemos visto un ejemplo de estas cualidades en acción. La mayoría de los nepalíes no son ricos, pero cuando se produjo el terremoto, muchos de ellos acudieron a ayudar a las víctimas. Lo más notable fue que no pidieron reconocimiento. Esto nos demuestra que, al no aferrarnos al sentimiento de ser especiales o heroicos, podemos trascender los miedos y deseos personales. Sin calcular la ganancia o la pérdida personal, podemos, simple y sinceramente, expresar nuestras cualidades positivas naturales de amor. A veces hacen falta circunstancias como un desastre natural para que estas cualidades se manifiesten, pero afortunadamente podemos cultivar nuestra bodhicitta para tener acceso a ellas en todo momento.

¿Cómo cultivamos la bodhicitta? Haciendo aspiraciones, que son deseos sinceros generados mentalmente para el bienestar de los demás. Quizá te preguntes cómo pueden ayudar las aspiraciones. Así le ocurrió a un amigo de buen corazón, activista medioambiental, que dudaba de esta práctica. «Puedo ver resultados concretos de la acción, pero no veo qué bien pueden hacer los buenos deseos», me dijo. Podría parecer así si descartáramos el papel que desempeña la mente en nuestras vidas. Pero, como sabemos, la mente es de vital importancia para todo lo que pensamos, decimos y hacemos.

Tradicionalmente, la bodhicitta tiene dos aspectos igualmente importantes, conocidos como «bodhicitta de aspiración» y «bodhicitta de aplicación». No podemos tener una sin la otra. Sin hacer aspiraciones, el sentido de nuestras vidas es borroso.

No sabemos por qué hacemos lo que hacemos; como resultado, nuestras acciones no son tan eficaces. Cuando cultivamos
la bodhicitta aspiracional, nuestro corazón se vuelve sincero y
sin pretensiones. Deseamos verdadera y profundamente que
todos los seres, sin excepción, sean liberados del sufrimiento y
dotados de felicidad. Esa vasta aspiración es la base necesaria
para desarrollar la bodhicitta de aplicación; en ese momento,
podemos pasar de desear a actuar en beneficio genuino de los
demás. En otras palabras, es solo a través de la aspiración como
podemos realizar genuinamente nuestra bodhicitta a través de
la acción. Este es el bien que hace el deseo. No subestimes su
importancia.

FORMACIÓN EN LA DIGNIDAD

*Meditación sobre las cuatro cualidades inconmensura-
bles del amor*

La base para cultivar la bodhicitta (nuestro corazón despierto) es la práctica de las cuatro cualidades ilimitadas
del amor bondadoso, compasión, alegría empática y
ecuanimidad (conocidas como las cuatro inconmensurables). Para que den fruto, estas cualidades deben cultivarse repetidamente con entusiasmo sincero y agudo.

- Empieza por sentarte cómodamente en postura de
  meditación.
- Tómate unos momentos para conectar con tu
  respiración y calmar tu mente.

- Ahora empieza a contemplar cómo todos los seres están interconectados. Todos dependemos de los demás, al igual que los demás dependen de nosotros.
- A continuación, considera cuánto deseas ser feliz y no sufrir. Reconoce que, del mismo modo, todo el mundo quiere ser feliz y no sufrir.

Ahora practicamos los cuatro inconmensurables. Aunque cada inconmensurable se presenta uno tras otro, puede que prefieras centrarte en uno solo por sesión. Recita mentalmente la frase aspiracional que se proporciona a continuación y dedica algún tiempo a contemplar la cualidad asociada. Comprueba si puedes relacionar tu aspiración con una sensación de calidez en tu corazón, pero si no es así, no te preocupes.

- Amor bondadoso: «Que todos los seres disfruten de la felicidad y de las causas de la felicidad».
- Compasión: «Que todos los seres estén libres del sufrimiento y de las causas del sufrimiento». Para motivar esta aspiración, también puedes contemplar el sufrimiento sin medida que todos los seres vivos deben soportar, incluido todo tipo de luchas mentales y físicas, enfermedades y dolor. Contempla no solo el sufrimiento en sí, sino las causas del sufrimiento, la principal de las cuales es el desconocimiento de nuestra auténtica naturaleza.

- Alegría empática: «Que todos los seres nunca se separen de la felicidad sagrada desprovista de sufrimiento». Siente realmente alegría por la buena fortuna de los demás.
- Ecuanimidad: «Que todos los seres habiten en una ecuanimidad ilimitada, libre de apego y aversión».

Puedes practicar los cuatro inconmensurables antes o después de la meditación sentada formal. Al final de la sesión, alégrate de tu esfuerzo y dedica todo el bien que tu práctica ha generado al beneficio de todos los seres, deseando sinceramente que los conduzca a la felicidad perfecta y a la completa liberación del sufrimiento.

Practicar de este modo eliminará gradualmente nuestra tendencia al egoísmo y la distinción dualista entre el yo y el otro que lo subyace. En otras palabras, eliminará los oscurecimientos que bloquean nuestro potencial interior para ser plenamente amorosos y bondadosos. Con un corazón verdaderamente despierto, tendremos la sabiduría y el poder para beneficiar a los demás y a nosotros mismos.

Apoyo inspirador

En tu amor bondadoso y compasión que se extiende a todos los seres, puede haber un nivel sutil de pensamiento inconsciente sobre cómo beneficiarte a ti mismo. Al practicar continuamente ese deseo a lo largo del tiempo, el egoísmo sale a la superficie y se agota a través del poder del entrenamiento. El deseo se vuelve más auténtico y genuino, y el amor bondadoso, la compasión y la alegría comprensiva se vuelven muy reales e instintivas.

DZIGAR KONGTRUL RIMPOCHÉ[20]

9. «¿Quién soy yo?»

Los seres piensan «yo» al principio, y se aferran al yo.
Piensan en «lo mío», y se apegan a las cosas.
Así giran indefensos como cubos en un molino.
¡Y a la compasión hacia esos seres me postro!
CHANDRAKIRTI[21]

«¿Quién soy?». A primera vista, la respuesta a esta pregunta
puede parecer obvia. En mi caso, «soy Phakchok Rimpoché».
Pero ¿me define únicamente mi nombre? También soy los papeles que adopto en mis relaciones sociales: soy hijo, hermano,
sobrino, marido, padre, profesor, estudiante, autor, abad de monasterio, etc. Todos ellos son verdaderos y válidos. Todo eso es
cierto y válido. Pero ¿eso es todo lo que soy? ¿Quién soy como
persona? ¿Qué soy? ¿Mi cuerpo? ¿Mi conciencia? ¿Algo más?
A medida que profundizamos en la cuestión de quién soy, se
vuelve muy compleja. O muy simple, según cómo lo miremos.

Nací en el seno de una ilustre familia budista. Tulku Urgyen
Rimpoché, mi célebre abuelo, al que ya conocisteis, tuvo cuatro
hijos, que son destacados lamas reencarnados en la tradición

budista tibetana, uno de los cuales es mi padre. Si me identificara únicamente en relación con mi familia, me encontraría en dificultades. Cuando nos conocemos únicamente a través de nuestras etiquetas sociales relacionales, casi no podemos evitar compararnos con los demás. Entonces medimos nuestra autoestima basándonos en esa comparación, lo que nos invita a caer en un mar de emociones negativas. Es fácil ver que invertir nuestra identidad totalmente en las relaciones sociales puede dejarnos un sinfín de desdicha e infelicidad. Esta forma de pensar sobre quiénes somos socava cualquier esperanza de cultivar una auténtica dignidad.

¿Cuál es la solución? Debemos examinar más profundamente quiénes (o qué) somos en realidad. Por supuesto, soy nieto, hijo y sobrino de mi familia. Pero esto es solo un aspecto de lo que soy. Siempre podemos profundizar en lo que identificamos como el yo, más allá de las etiquetas sociales y las relaciones. También podemos profundizar en nuestra experiencia de ser un yo. Estas investigaciones son de vital importancia para descubrir la base sobre la que podemos cultivar la dignidad. De lo contrario, si nos quedamos en un nivel más superficial, descubriremos que nuestra comprensión menos arraigada del yo se dejará llevar fácilmente por los vientos de las circunstancias externas o, como dice Chandrakirti en la cita anterior, «giraremos indefensos como cubos en un molino». Debemos mirar bajo la superficie de «quién soy» para vernos a nosotros mismos y nuestra situación bajo una luz realista.

¿Quién soy realmente?

Preguntarse «¿quién soy?» es sorprendentemente muy frecuente. Ya sea explícita o implícitamente, muchos de nosotros nos hemos hecho esta molesta pregunta. E incluso si no la hemos hecho, nuestra cultura sí. El tema del cuestionamiento de la identidad personal es frecuente en la filosofía, la literatura y el cine. Pensemos en Hamlet, el protagonista de la tragedia homónima de Shakespeare. Se pregunta el equivalente a «¿quién soy yo?» en múltiples ocasiones, y normalmente durante una crisis, como cuando muere su padre, cuando su madre se vuelve a casar y cuando le niegan el trono. Incluso personajes populares del cine como Batman y James Bond han llevado a cabo este tipo de autorreflexión. Estos personajes de ficción, como muchos de nosotros, se hacen esta pregunta en tiempos de crisis, o ante una muerte inminente. Cuando las terribles circunstancias ponen en entredicho lo que habíamos asumido hasta entonces sobre quiénes somos, buscamos instintivamente algo bajo la superficie de nuestra identidad habitual, algo que nos dé un sentido y una estabilidad profunda y duradera. Quizá esa búsqueda instintiva proceda de lo que buscamos, nuestra auténtica naturaleza.

Pero no tenemos que esperar a que se produzcan circunstancias terribles para hacernos esta pregunta. El Buda animó a sus discípulos a examinar detenidamente el yo (*atman* en sánscrito; *dak* en tibetano) antes de que se produjera una crisis. Normalmente, pensamos en el yo como algo singular, independiente y permanente. El propósito de esta exploración es cuestionar estos supuestos mediante el diálogo interno y la apelación a niveles cada vez más profundos de nuestra propia experiencia vivida. Si tenemos un yo sólido, independiente y permanente, deberíamos ser capaces de localizarlo lógica y experiencialmente, ¿verdad? Si no lo conseguimos, quizá debamos replantearnos nuestros supuestos.

El interés del Buda por la cuestión del yo no es por abstracción intelectual o filosófica. Esta cuestión es importante porque está estrechamente relacionada con la razón por la que somos felices o infelices. El apego a una creencia errónea en un yo perdurable, enseñaba el Buda, nos produce sufrimiento. Por el contrario, el no apego a la idea de un yo sólido contribuye a nuestra felicidad.

Cuando mi maestro Nyoshul Khen Rimpoché me planteó la pregunta «¿quién soy yo?» en mis años de formación, me abrió la puerta a examinar quién soy realmente. Ese proceso me desafió a ir más allá de las etiquetas sociales que me habían definido en gran medida hasta ese momento. Fue un gran momento. Puso en tela de juicio todo lo que creía saber sobre mí y amplió enormemente mi mundo.

El budismo utiliza un concepto llamado los «cinco agregados» (*skandhas* en sánscrito) para ayudar en ese examen. Las cinco categorías resumen todo lo que podemos experimentar. Estos agregados suelen denominarse (1) forma, (2) sentimiento, (3) percepción, (4) formaciones mentales y (5) conciencia. El primer agregado, la forma, se refiere a experiencias que caracterizaríamos como físicas. Los otros cuatro –sensación, percepción, formaciones mentales y conciencia– son diferentes aspectos de la experiencia mental. Cuando examinamos los agregados, nos damos cuenta de que nuestra sensación de ser un «yo» individual es solo un concepto que atribuimos a estas experiencias interrelacionadas y dinámicas. Cuando examinamos nuestra experiencia a fondo, no podemos encontrar un «yo» inherente porque los agregados en sí mismos no son más que acontecimientos pasajeros. No hay nada sólido ni permanente en ellos y, por lo tanto, no hay nada sólido ni permanente en lo que consideramos nuestro yo.

Por supuesto, esto no nos impide pensar en los agregados colectivamente como «yo» o relacionarnos con cada uno de ellos como «lo mío». Por ejemplo, pensamos que esto es mi cuerpo (forma), mis sentimientos, mis percepciones, etcétera. El «yo» se convierte en la lente a través de la cual vemos todas las experiencias. Desde el punto de vista de la sociedad, ser un «yo» es legítimo y necesario. En el plano de la realidad convencional, necesitamos identidades sociales para comunicarnos entre nosotros. Así que utilizar el «yo», como etiqueta, no es un problema. Incluso el Buda se refería a sí mismo como un «yo». El «yo» se vuelve problemático cuando nos aferramos a la idea de que lo que la etiqueta señala es algo permanente, duradero, intrínseco e independiente. Esto se llama «egocentrismo». Al pensar que podemos apoyarnos en algo que en realidad es siempre cambiante y carente de base, nos hace sentir inseguros. Para compensar, expresamos una confianza aún mayor en lo que creemos que somos. Nuestro ego se convierte en el centro de nuestra existencia e intentamos protegerlo juzgándolo y siendo competitivos, a la vez que nos sentimos temerosos y necesitados.

De este modo, el egocentrismo alimenta el sufrimiento. Suprime y oscurece nuestra naturaleza búdica, lo que nos impide contactar con nuestra dignidad interior y expresarla. Nuestra tendencia convencional de identificar el «yo» con nuestro nombre, cuerpo y mente fomenta involuntariamente la egolatría y engendra insatisfacción y confusión. Aprender la dignidad es el proceso de familiarizarnos con nuestra naturaleza inherente, liberándonos así de la confusión de la identidad errónea. Por supuesto, seguimos utilizando nuestra identidad social –por ejemplo, yo sigo siendo Phakchok Rimpoché–, pero no nos perdemos en ella.

Hay tres identificaciones erróneas comunes relacionadas con el egocentrismo: pensar que somos nuestro nombre, pensar que somos nuestro cuerpo y pensar que somos nuestra mente. Veamos cada una de estas creencias con un poco más de detalle, una por una.

¿Soy mi nombre?

La primera pregunta es: «¿Soy mi nombre?». Imagina que alguien te pregunta: «¿Quién eres?». ¿Qué responderías? En la mayoría de los casos le dirías a esa persona tu nombre, ¿verdad? Pero ¿qué hay en un nombre?

Los nombres nos los ponen nuestros padres después de nacer. A veces cambiamos de nombre. En mi caso, tuve un nombre de nacimiento, y más tarde mi tradición decidió que sería «Phakchok Rimpoché». En otros casos, una persona puede preferir un nombre diferente e incluso cambiarlo en sus documentos legales. Esto solo demuestra que el nombre con el que nos identificamos no es en absoluto intrínseco a lo que somos.

Podría ser cualquier otra cosa. Nuestro apellido indica nuestra familia, pero no dice nada sobre quiénes somos realmente, sobre nuestra naturaleza fundamental. Sin embargo, nos aferramos a nuestro nombre y nos apropiamos de todo lo relacionado con él, casi automáticamente, sin un escrutinio cuidadoso. Cuando a nuestro nombre se le añade un título o rango prestigioso, como el de director general o director ejecutivo, nos aferramos aún más a esas etiquetas. Pero si eres director general de una empresa, una vez que dejas de serlo, ¿sigues siendo tú?

Como vemos, un nombre es una etiqueta que se utiliza por razones de conveniencia. Vayamos un poco más lejos. Cuando nombramos algo, tendemos a pensar que estamos nombrando algo sustancial y duradero. Cuando era joven, me gustaban mucho los coches. Pero ¿qué es un coche? Sabemos que un coche consta de motor, ruedas, frenos, asientos, etc. Sabemos que un coche necesita gasolina o electricidad para funcionar. Pero ¿existe una entidad sustancial, sólida, inmutable y permanente llamada «coche»? Desde la perspectiva budista, un coche no es más que un conjunto de piezas; no hay nada sustancial en lo que llamamos «coche».

Podemos aplicar este análisis no solo a nuestro propio nombre, sino también a lo que llamamos el «yo». «Yo» es un término que aplicamos a un conjunto de diferentes partes. Podemos llamar a estas diferentes partes los «cinco agregados». Solo puede decirse que el yo existe en dependencia de estos agregados, y como hemos visto, estos agregados en sí mismos no tienen existencia inherente. Por lo tanto, en última instancia, el yo no existe como entidad intrínseca propia.

¿Soy mi cuerpo?

La siguiente pregunta es: «¿Soy mi cuerpo?». He oído hablar de algo que en Occidente se llama el «problema mente-cuerpo». Este problema surge de la creencia de que el cuerpo y la mente están separados. Esta creencia lleva a la confusión, y el lenguaje que utilizamos refleja esta confusión. Por ejemplo, cuando decimos: «Te has chocado conmigo», damos a entender que somos nuestro cuerpo. En cambio, cuando decimos: «Me has pisado», parece que pensamos que somos los dueños de nuestro cuerpo. ¿Soy mi cuerpo o soy otra cosa que tiene cuerpo? ¿No es confuso?

En la tradición budista, pensamos que el cuerpo tiene diferentes niveles: burdo, interior y secreto. En el nivel burdo, el cuerpo es el cuerpo físico. Pero el cuerpo físico –el cuerpo en su forma burda– no está separado de nuestra mente. Está muy interrelacionado e interconectado con la mente. Podemos ver esto con nuestro análisis de los cinco agregados. El agregado de la forma, o nuestra experiencia del cuerpo físico, se interrelaciona claramente con nuestros cuatro agregados mentales. Como ejemplo sencillo, cuando tenemos dolor de cabeza, no solo experimentamos nuestra cabeza física. También experimentamos un sentimiento de aversión al dolor, y probablemente tenemos muchos pensamientos como «me siento tan miserable». De hecho, si sentimos aversión y la reforzamos con nuestros pensamientos, ¡es casi seguro que nuestro dolor de cabeza empeorará! Al igual que nuestra experiencia corporal influye en nuestra experiencia mental, nuestra experiencia mental influye en nuestra experiencia corporal. Podemos ver que, incluso a nivel burdo, el cuerpo y la mente no están claramente separados.

Más allá del cuerpo exterior burdo, la tradición budista identifica un nivel interior llamado «cuerpo sutil». El cuerpo sutil está formado principalmente por canales y vientos. Estos canales y vientos no se corresponden con las estructuras y funciones fisiológicas identificadas en la biología occidental. Sin embargo, este cuerpo sutil es el lugar del que surgen las emociones, y estas emociones tienen un gran efecto en el cuerpo físico.

Más allá del nivel interior, hay un cuerpo aún más profundo llamado «cuerpo secreto». Este «cuerpo» es nuestra naturaleza búdica. Se denomina «secreto» porque, aunque siempre está ahí, normalmente, no lo reconocemos. De hecho, para empezar, muchos de nosotros no tenemos ni idea de que está ahí. Pero es bueno que esté ahí, porque nuestra naturaleza búdica, este cuerpo secreto, es la fuente profunda de nuestra dignidad interior y de otras cualidades positivas genuinas.

Como puedes ver, el cuerpo es mucho más profundo de lo que parece a nuestros sentidos físicos. No es de extrañar que el cuerpo y su relación con la mente parezcan tan misteriosos. La filosofía budista considera que el cuerpo no solo es importante y poderoso, sino también sagrado. De hecho, se dice que cien budas habitan en nuestro cuerpo. Esto puede sonar misterioso, pero demuestra que en sus profundidades nuestro cuerpo está lleno de sabiduría y compasión. Pero nuestro cuerpo también es un reflejo de la mente. Cuando la gente tiene infelicidad emocional, esta infelicidad a menudo se manifiesta de formas que dañan el cuerpo. Sin embargo, nos aferramos tanto al cuerpo físico que creemos que eso es lo que somos.

Pensemos en ello. Si yo soy mi cuerpo físico, ¿soy el yo delgado de mi juventud o el yo regordete que soy ahora? ¿Soy mi cara, mis pies, mi pecho, mi corazón, mis manos o mis dedos? ¿Hay algún lugar de mi cuerpo que sea «yo»?

La ciencia moderna ofrece una visión del cuerpo físico que coincide con la perspectiva budista. Según el doctor Jonas Frisén, un biólogo molecular sueco, las células del cuerpo se reemplazan cada siete o diez años. Durante ese periodo, las células viejas mueren y son sustituidas por otras nuevas.[22] Esto demuestra claramente que el cuerpo no tiene una existencia inherente, y siempre está cambiando. Cuando oí hablar de esta investigación, me acordé de una historia tibetana. Un anciano estaba en su lecho de muerte. Un amigo vino a visitarle y le preguntó cómo estaba. Le contestó: «Estoy bien, pero hay un anciano en mi cama y sufre mucho». Este moribundo no se identificaba con su cuerpo.

¿Soy mi mente?

La tercera pregunta es: «¿Soy mi mente?». Para responder a esta pregunta, debemos fijarnos primero en nuestros sentimientos, el segundo de los cinco agregados. Nuestros sentimientos suelen clasificarse en agradables, desagradables o neutros. En otras palabras, podemos sentirnos atraídos por algo, repelidos o indiferentes. Los sentimientos agradables y desagradables provocan emociones diferentes.

La palabra emoción deriva del latín *emovere*, que significa «remover» o «agitar». Las emociones despiertan algo en nosotros, motivándonos a actuar de forma constructiva o destructiva. Por lo tanto, antes de investigar si el «yo» es la mente, primero deberíamos comprobar nuestro comportamiento y ver qué emociones tenemos. ¿Ves uno o más de los «cinco venenos» de la ira, los celos, el orgullo, el ansia o la ignorancia? Intenta ver esto con claridad. Luego, cuando investigues cualquier emoción negativa que encuentres, ¿ves algún juicio hacia ti mismo o hacia los demás? Si es así, ¿quién está juzgando? ¿Ves dónde tienes un punto ciego? ¿Puedes ver lo que ocurre en tu mente y de lo que no eras previamente consciente?

Cuando las emociones aflictivas se transforman, vemos nuestros pensamientos y percepciones con mayor claridad. Reconocemos que nuestra comprensión de nosotros mismos está influida por las relaciones y convenciones sociales. También vemos cómo estas influencias sociales moldean nuestra forma de pensar, sentir y actuar. Al transformar nuestras emociones negativas, adquirimos la percepción necesaria para transformar nuestra vida cotidiana y, en particular, nuestra forma de relacionarnos con los demás y con nosotros mismos.

Entonces, ¿cuál es tu verdadero yo? ¿Eres tu nombre, tu cargo, tus ingresos, tus relaciones sociales, tu cuerpo, tus pensamientos, tus sentimientos? ¿Eres tú las etiquetas asociadas a ti? ¿Tu altura o tu peso, tu riqueza o tu rango, definen quién eres? Puedes dar un paso más e incluir todos los adjetivos que utilizas para describirte. ¿Eres ordenado o desordenado, delgado o regordete, callado o ruidoso?

Existe el malentendido de que en el budismo el yo no existe. Esto no es cierto. Decir que el yo no existe es la posición extrema del nihilismo. Pero también queremos evitar el extremo opuesto que dice que el yo existe. Suena difícil, ¿verdad? ¿Cómo podemos estar más allá de estos dos extremos? La clave es que el yo no existe como una esencia intrínseca, permanente e independiente; si existiera, nunca podría cambiar ni crecer. Pero el yo existe en dependencia de un cuerpo, una mente y un entorno en constante cambio. Cuando decimos «yo», nos referimos a ese conjunto de agregados que designamos como nuestro yo, de manera análoga que al decir «coche» nos referimos al conjunto de piezas que conducimos cuando nos vamos de compras. Ninguno de los dos existe de forma independiente, pero ambos aparecen y ambos funcionan. Por tanto, lo que consideramos «yo» no es una entidad sólida e independiente, sino un flujo de acontecimientos físicos y mentales que nos permite funcionar en sociedad, en mi caso ser hermano y padre, maestro y abad.

Cuando nos aferramos a la idea del yo, la congelamos como si fuera una entidad sólida, una instantánea estática. Pero la idea de un yo sólido choca continuamente con la realidad de que el yo es en realidad un proceso, un flujo dinámico de fenómenos. Cuando examinamos nuestra mente a través de la meditación, empezamos a reconocer esta realidad; en lugar de aferrarnos con fuerza a nuestra idea de ser un «yo» fijo, nos relajamos en la amplitud y apertura de nuestra naturaleza real.

Liberarse del egoísmo

Un estudio de 2013 de la Universidad de Texas en Austin sugiere que las personas que dicen «yo» más a menudo que la media carecen de confianza en sí mismas.[23] La perspectiva budista ofrece una explicación sencilla para este hallazgo. Cuando tenemos un ego fuerte –es decir, nos aferramos con fuerza a la sensación de ser un yo inherente y omnipotente– provocamos todo tipo de aflicciones mentales, como los celos, el miedo, la codicia y la ira. Estas aflicciones mentales desestabilizan perpetuamente nuestra dignidad interior. Tener un ego fuerte hace más probable que nos aferremos a patrones habituales, haciendo casi imposible ver nuestra naturaleza pura.

La suposición de que se necesita un ego poderoso para tener éxito en nuestro mundo moderno altamente competitivo se basa en la confusión sobre quiénes somos. Lo vemos en los dos tipos de espejos que he mencionado antes. Recordemos que la imagen con la que el niño se identifica primero en el espejo físico se convierte en la semilla de su autoimagen. Esa imagen se relaciona con lo que llegamos a ser como seres sociales. Pero el espejo del corazón, con el que entramos en contacto a través de la experiencia directa de la meditación, refleja nuestra naturaleza genuina. Es el espejo que alberga nuestras aspiraciones más profundas. Para conocernos realmente y conectar con la apertura, la decisión y la libertad inherentes a nuestra dignidad interior, necesitamos distinguir entre el yo relativo (el yo construido socialmente) y el yo real (mi naturaleza genuina). El hecho es que cuanto menos influidos estemos por nuestro yo socialmente construido, más fácil será vivir con verdadera dignidad y sus abundantes buenas cualidades y fortalezas.

La fragilidad del ego desestabiliza la dignidad. Una amiga que practica el budismo desde hace mucho tiempo me confió hace poco un incidente en el que experimentó el sufrimiento causado por aferrarse inconscientemente al ego. Linda, como la llamaré, asistía a una conferencia budista. Al principio, se sentía tranquila y abierta. Durante una sesión de debate, el moderador recorrió el círculo de participantes sentados en el sentido de las agujas del reloj para hacer las presentaciones. Pero después de presentar a la persona a la izquierda de Linda, presentó a la persona a su derecha como si Linda no estuviera allí. Linda se quedó atónita y se estresó. Muchos pensamientos inundaron su mente, cada uno de los cuales le pareció impactante, sorprendente y embarazoso.

Sintiéndose rechazada, Linda se enfadó con la persona a cargo del grupo, pero pronto se volvió contra sí misma. Estaba decepcionada consigo misma por haber reaccionado así. Durante años, Linda había practicado el darse cuenta de su ego y dejar de aferrarse a la idea de que ella es un yo singular, independiente y perdurable. Sin embargo, este incidente provocó que su ego intentara defenderse. Afortunadamente, esa defensa solo se produjo en su mente; resistió el impulso de decir o hacer algo en respuesta.

Es de vital importancia saber que aprender sobre el yo, como creencia y como experiencia, lleva su tiempo. Y hacerlo no es una línea recta. Nuestro ego desarrolla fuertes hábitos a lo largo del tiempo y los refuerza repetidamente. Estos hábitos tienen diferentes capas que podemos llegar a reconocer a través de nuestra práctica. La capa externa del hábito egoico está impulsada por una mente parlanchina y caótica que es ajena a nuestra conciencia inherente. Debajo de esta frenética actividad mental, moviéndonos a un nivel más sutil de la mente, podemos identificar el aferramiento que impulsa nuestros pensamientos y acciones. Más allá de estas dos capas está nuestra verdadera naturaleza. En este nivel más profundo y último, ya no deseamos proteger y preservar el yo. Trabajar con estos niveles y aprender a soltar el ego es un proceso dinámico. Como los patrones habituales de nuestro ego son tan profundos y antiguos, el egocentrismo residual resurge una y otra vez cuando se le provoca. No debemos desanimarnos por ello.

Reconocer cuándo y cómo nos atrapa nuestro ego es una señal positiva. No es un fracaso. Es transformación. Demuestra que estamos progresando en el viaje de aprender sobre nosotros mismos. Es un gran progreso, de verdad. Si mi amiga Linda no hubiera sido practicante, podría haberse deprimido. En cambio, se dio cuenta de su reacción y se puso a practicar para recuperarse de ella rápidamente. Era consciente de exactamente quién, o qué, se sentía herido u ofendido. También sabía que cuando investigaba quién o qué era el yo, no podía encontrarlo. Su experiencia negativa duró poco, como debe ser, porque no se aferró a ella ni se castigó.

Este incidente, aunque difícil mientras ocurrió, se convirtió en una oportunidad para que Linda se conociera a sí misma más profundamente. Estaba tan disgustada por haber sido ignorada en las presentaciones que no pudo oír nada de lo que dijeron los demás participantes en la mesa redonda. Esto anuló su principal motivo para estar allí. Al cabo de un rato, cuando su egocentrismo se relajó, se dio cuenta de que su egocentrismo había sido un imán para su propio sufrimiento y una causa para aumentar su distanciamiento de los demás.

Si prestamos atención, veremos cómo nuestro ego nos afecta en muchas situaciones de la vida cotidiana. No tenemos que dejarnos controlar por el ego. Podemos elegir. Podemos relajar nuestro egocentrismo investigando quién es ese «yo» y dónde reside ese «yo». Cuando no encontramos una respuesta, nos calmamos lentamente. Si practicamos así diariamente, ganaremos comprensión de la vacuidad, y certeza en ella.

Es importante darse cuenta de que la vacuidad no es una nada en blanco, sino una conciencia abierta. En esta conciencia abierta, nada existe por sí mismo ni permanece de forma permanente. Esto es cierto para todos los fenómenos, ya sea nuestra identidad, un pensamiento, una emoción, un coche…, cualquier cosa. Los fenómenos surgen debido a causas y condiciones entrelazadas y, por lo tanto, están imbuidos de infinidad de posibilidades. Cuando reconocemos la naturaleza de la mente, vemos que todo surge del vacío y se disuelve de nuevo en el vacío. Es sencillo y hermoso.

Profundizar en uno mismo

Los patrones habituales del ego reflejan una especie de ceguera. No vemos cómo aferrarnos a nuestro yo y darle prioridad nos aleja de los demás y genera sufrimiento. La raíz de esta condición es la dualidad que ve al yo y al otro como separados. Sin un «otro», no podría haber un «yo». El yo y el otro son totalmente interdependientes. Nada existe por sí mismo. Podemos aprender a dejar de fijarnos en el pensamiento dual que separa el «yo» del «otro» y reconocer que este «yo» no es más que una etiqueta conveniente que atribuimos a los cinco agregados para poder funcionar en la realidad relativa. Es decir, podemos darnos cuenta de que el yo solo existe en dependencia del cuerpo, la mente y el entorno.

Nuestro hábito de ver el «yo» como algo separado y aparte del «otro» está muy arraigado. También lo están los patrones habituales que se desarrollan a lo largo del tiempo como resultado. Por eso nos ofendemos tan fácilmente cuando alguien nos dice algo insultante, o nos sentimos pequeños cuando una situación no se alinea con nuestro sentido de la propia importancia. Cuando surgen esos sentimientos, tendemos a reaccionar negativamente, lo que solo sirve para reforzar los patrones que condujeron a esos sentimientos en primer lugar. Estamos atrapados en un ciclo. Podemos romperlo, pero se necesita tiempo y práctica para soltarnos de la noción de ser un yo sólido y desarrollar la percepción de la naturaleza interdependiente de todos los fenómenos.

La sencilla historia de una conversación entre Buda y sus estudiantes puede ayudarnos a comprender cómo se desarrolla progresivamente este tipo de perspicacia.

Tres estudiantes acudieron al Buda para preguntarle sobre el infierno. El primer estudiante dijo: «Tengo mucho miedo del infierno. ¿Qué debo hacer?».

«Sí, el infierno da mucho miedo», respondió el Buda.

El estudiante preguntó entonces dónde estaba el infierno. El Buda respondió: «Está a muchos kilómetros bajo tierra».

Llegó el segundo estudiante y le hizo la misma pregunta al Buda: «¿Dónde está el infierno?».

«No está arriba ni abajo. El infierno es un reflejo de tu ira», respondió el Buda.

Llegó el tercer estudiante, también expresando su temor al infierno. El Buda dijo: «Permíteme hacerte una pregunta. Has dicho: "Yo tengo miedo al infierno". ¿Quién es "yo"? ¿Dónde está ese "yo" al que te refieres?».

El tercer estudiante reflexionó sobre estas preguntas durante un rato. Volvió a ver al Buda y le dijo: «He intentado encontrar el yo y dónde se encuentra el yo. Pero no puedo encontrarlo».

El Buda se rio: «Si no puedes encontrar el yo, ¿por qué tienes que temer ir al infierno?».

El Buda dio tres respuestas diferentes a la misma pregunta porque cada estudiante tenía un nivel diferente de aferramiento. El primer estudiante estaba fuertemente aferrado a su creencia en el yo. Decirle que el infierno no existe, no le ayudaría. Para el segundo estudiante, el aferramiento al yo se reflejaba en la emoción de la ira. Por lo tanto, el Buda le dio una respuesta para ayudarle a reflexionar sobre su propia mente y liberarse del tormento de las emociones aflictivas. El tercer estudiante estaba dispuesto a investigar dónde está el yo. El Buda le dio al estudiante lo que necesitaba para empezar a analizar quién es y dónde está el «yo». Llevar a cabo este tipo de análisis le llevaría incluso a darse cuenta de que todos los fenómenos son impermanentes, interdependientes y carentes de existencia sólida. Tras darse cuenta de ello, podría embarcarse en la experiencia directa.

Por un lado, esta historia ilustra el uso que hace el Buda de los medios hábiles para responder a las preguntas de los estudiantes en función de lo que necesitan para alcanzar la liberación. Pero también ilustra los niveles progresivos de realización que cada uno de nosotros debe recorrer por sí mismo. En primer lugar, debemos soltar la fuerte creencia de que somos un ser sólido y singular. En segundo lugar, debemos lidiar con nuestras emociones negativas. Por último, podemos embarcarnos en el viaje de explorar dónde y qué es el «yo».

El resultado final de esta investigación será descubrir que lo que soy es mi naturaleza pura. La dignidad es la cualidad que se manifiesta cuando nos identificamos con esa naturaleza pura y no con nuestro nombre, cuerpo o mente. Esta naturaleza es conciencia pura. Si la reconocemos, nos reconocemos a nosotros mismos, como si fuera la primera vez. Pero, por supuesto, nunca hemos estado separados de nosotros mismos. Simplemente, estamos llegando a conocernos a nosotros mismos por lo que realmente somos. Lo que finalmente encontramos es la riqueza inconmensurable de nuestro hogar genuino y la base de todas las cualidades positivas.

FORMACIÓN EN LA DIGNIDAD

Meditación analítica

Empieza por sentarte en postura de meditación. Dedica unos minutos a cultivar una mente tranquila y en paz. Cuando experimentes calma interior, empieza a explorar quién eres:

- Pregúntate a ti mismo: «¿Soy mi nombre?». Después de reflexionar sobre esto durante un rato, ve más allá y considera todos los roles, títulos y atributos que asocias contigo mismo. «¿Soy estudiante?», «¿Soy una hermana?». Por supuesto, en cierto nivel lo eres, pero ve más allá. Tal vez tengas un título o un grado junto a tu nombre. ¿Es eso lo que eres? Tal vez te consideres alto o bajo, hermoso o feo. ¿Es eso realmente lo que eres? Cuando dejas atrás la identificación con estas etiquetas, ¿quién eres? ¿Te sientes más libre cuando no te pones etiquetas?

• Luego pregúntate: «¿Soy yo mi cuerpo?». Toma conciencia de la sensación de ser un yo. Lo sientes, pero ¿dónde reside en el cuerpo? ¿Puedes localizarlo en el cerebro? ¿En el corazón? ¿Quizá en la piel, el pelo, los huesos o los músculos? ¿Está en las moléculas o átomos que componen el cuerpo? ¿Es el conjunto de todas estas partes más pequeñas y más grandes? ¿Puedes, en última instancia, encontrar la ubicación del yo?

• Entonces pregúntate: «¿Soy yo mi mente?». Del mismo modo que el cuerpo reemplaza constantemente sus células, la mente es un flujo constante de pensamientos, sentimientos y sensaciones fugaces. ¿Dónde está el yo en todo eso? Es más, ¿dónde está la mente? ¿Tiene color o forma? ¿Está dentro o fuera del cuerpo? ¿Se puede encontrar el yo en algún lugar de la mente?

• Puede que te sorprenda meditar de una forma que implica pensar. La clave de la meditación analítica es que, aunque pensamos en la cuestión que nos ocupa, no nos aferramos a los pensamientos que surgen como respuesta. Si puedes mantener una sensación de amplitud, verás que cada pensamiento que pasa por tu mente surge de la vacuidad y se disuelve naturalmente en la vacuidad. Los pensamientos aparecen cuando las causas y las condiciones los producen y desaparecen naturalmente cuando las causas y las condiciones ya no existen.

• Es importante recordar que este análisis no requiere una respuesta. De lo que se trata es de aflojar nuestro fuerte aferramiento a una idea sólida del yo. De hecho, en algún momento de tu análisis, cuando no seas capaz de localizar el yo, es posible que los pensamientos desaparezcan de forma natural. Cuando eso ocurra, permítete descansar en ese estado de conciencia vacía. Ahora estás experimentando la respuesta real a la pregunta. Pero lleva tiempo pasar de la experiencia a la realización. Los pensamientos discursivos volverán; cuando lo hagan, retoma el análisis.

• El propósito de este ejercicio es, en primer lugar, comprender la vacuidad a través del análisis y profundizar la comprensión a través de la experiencia. La vacuidad significa que los fenómenos están vacíos de existencia independiente. En otras palabras, todos los fenómenos son impermanentes e interdependientes: nada tiene existencia tangible e independiente. Comprender la vacuidad te ayudará a desarrollar una comprensión más precisa de ti mismo y de la realidad. Cuando abandonas tu errónea percepción de ti mismo y su subproducto de egocentrismo, entras en contacto con tu sabiduría original, pura y consciente de ti mismo. Te vuelves menos rígido sobre quién y qué eres, lo que te aporta más flexibilidad y felicidad, y permite que se manifieste tu dignidad interior.

Apoyo inspirador

La cuestión no es si la persona, la personalidad o el yo son o no una sucesión cambiante y compuesta de acontecimientos condicionados por muchos factores complejos. Cualquier análisis racional nos demuestra que es así. La cuestión es por qué entonces nos comportamos emocionalmente como si fuera duradero, único e independiente. Así pues, cuando se busca el yo es muy importante recordar que lo que se está examinando es una respuesta emocional. Cuando uno responde a los acontecimientos como si tuviera un yo, por ejemplo, cuando uno se siente muy herido u ofendido, debería preguntarse quién o qué es exactamente lo que se siente herido u ofendido.

KHENPO TSULTRIM GYAMTSO RIMPOCHÉ[24]

10. La compasión para actuar

Cada hombre debe decidir
si va a caminar bajo la luz del altruismo creativo
o en la oscuridad del egoísmo destructivo.
MARTIN LUTHER KING JR.[25]

En 2017, me invitaron a impartir junto al doctor David Shlim un retiro de medicina y compasión para profesionales de la medicina en Jackson Hole, Wyoming. El doctor Shlim, organizador del retiro, es un antiguo alumno de mi abuelo Tulku Urgyen Rimpoché y de mi tío Chökyi Nyima Rimpoché. Además de su larga y distinguida carrera como médico e investigador, lleva muchos años enseñando y escribiendo apasionadamente sobre la necesidad de llevar la compasión al campo de la medicina. En 2000, el doctor Shlim inició la primera conferencia mundial sobre medicina y compasión, y diecisiete años más tarde organizó esta, la primera de una serie anual de retiros sobre medicina y compasión.

Organizar un retiro es un trabajo tremendo, y una serie anual es una empresa gigantesca. El doctor Shlim podría haber seguido escribiendo y dando conferencias cómodamente, pero algo ocurrió que dio un nuevo sentido de urgencia y propósito a su proyecto de medicina y compasión.

Dos años antes del primer retiro, el hijo del doctor Shlim sufrió un ataque. El ataque en sí no supuso un gran problema, pero le hizo caer sobre un suelo de cemento, lesionándose la cabeza. Quedó inconsciente; un escáner reveló una hemorragia cerebral que requería cirugía. En un día invernal con mucha nieve, fue evacuado de Wyoming a Idaho en un pequeño avión. Pasaron cinco horas desde el momento del ataque hasta que el hijo del doctor Shlim llegó a la sala de operaciones. Después de tanto esfuerzo frenético y coordinación, empezó la espera. Tras la operación, de pie junto a la cama de su hijo, sin saber si viviría o moriría, el doctor Shlim sintió un tremendo sufrimiento.

Dos años antes del accidente de su hijo, el doctor Shlim había experimentado su propio roce con la muerte. Había sufrido un infarto mientras esquiaba en un puerto de montaña y tuvo que ser evacuado a este mismo hospital de Idaho. Aunque en aquella ocasión su formación budista le había ayudado a prepararse para la posibilidad de morir, en este caso descubrió que no estaba preparado en absoluto para la perspectiva de perder a su hijo. En medio de su gran sufrimiento, pensó de repente en todos los que sufren de forma similar. Tanto si alguien sufre un terremoto o un accidente de coche, como si es víctima de la violencia o de una enfermedad repentina, hay alguien cercano a esa persona que sufre de la misma manera que el doctor Shlim experimentaba en ese momento. Y la cantidad de sufrimiento en el mundo es enorme. Por ejemplo, hay innumerables personas y familias en Siria, Irán, Afganistán, la India y África que se enfrentan al hambre, la pobreza, la enfermedad y la guerra. En verdad, la compasión no debe limitarse a los que amamos, sino que debe ser dirigida a todos los seres.

Afortunadamente, el hijo del doctor Shlim sobrevivió y se recuperó. Aun así, este incidente tuvo un gran impacto en su motivación posterior. A pesar de haber dado muchas charlas y escrito sobre el tema de la medicina y la compasión, el doctor Shlim se sintió llamado a tener un impacto aún mayor en el mundo. Empezó a idear un retiro anual diseñado para fomentar activamente la compasión en la comunidad médica. Aunque la compasión está ampliamente reconocida como importante en la atención sanitaria, el campo de la medicina ofrece poca formación profesional para desarrollarla. De hecho, descubrió que no existía tradición alguna de formación en compasión. Por el contrario, el doctor Shlim había aprendido mucho sobre la compasión de sus maestros budistas tibetanos, y quería que estos conocimientos estuvieran cada vez más disponibles en el campo de la medicina. Este retiro contribuiría a este esfuerzo, con la intención de beneficiar tanto a los profesionales médicos como a sus pacientes.

Pasando de la aspiración a la acción, el retiro de medicina y compasión de 2017 se hizo realidad. El doctor Shlim basó el retiro en el libro que escribió con mi tío Chökyi Nyima Rimpoché en 2004, titulado *Medicina y compasión*.[26] Mi tío estaba demasiado ocupado para participar en el primer retiro, así que el doctor Shlim me lo pidió a mí. Dado mi interés por el tema y la suerte de que coincidiera con mi agenda, acepté. Las circunstancias se dieron para que compartiera el retiro con el doctor Shlim dos años seguidos.

Dependemos mucho de los médicos y otros profesionales de la salud para que nos cuiden cuando atravesamos los cuatro ríos del sufrimiento: nacimiento, vejez, enfermedad y muerte. Esta es la razón por la que la tradición budista tiene en tan alta estima el campo de la medicina y a sus médicos. Estos retiros fueron experiencias gratificantes para todos los participantes. Aunque exploramos la compasión en el contexto específico de la atención médica, las lecciones aprendidas se aplican de forma más general a toda la vida.

La compasión en la medicina y en el budismo

Un grupo de profesionales de la medicina de toda Norteamérica llegó al lugar del retiro en la serena cordillera de los Tetones, en una zona de gran belleza natural, un rancho aislado, situado entre el Parque Nacional de Grand Teton y el Parque Nacional de Yellowstone. Me resultó fascinante conocer a profesionales de la medicina tan diversos: médicos de familia, médicos de la UCI, psiquiatras, enfermeras y pediatras, entre otros. Cada día impartí enseñanzas sobre la compasión desde la perspectiva budista antes de entablar un diálogo de preguntas y respuestas. Estas sesiones me abrieron una ventana a la profesión médica norteamericana, de la que hasta entonces sabía muy poco. Los participantes plantearon excelentes preguntas al tiempo que compartían sus luchas profesionales. Me interesó especialmente conocer los obstáculos que impiden a los profesionales sanitarios poner en práctica su compasión. Me pareció evidente que la práctica budista tiene un gran potencial para guiarlos en su vida profesional y personal.

Es interesante la estrecha relación que existe entre el budismo y la práctica de la medicina. Como he mencionado antes, muchos sutras budistas comparan al Buda con un médico que diagnostica el problema (dukkha o sufrimiento), proporciona la etiología o causa del problema (egoclinging), ofrece un pronóstico (el sufrimiento puede superarse, puedes recuperarte) y señala la medicina para curarte (el camino budista). Es posible que reconozcas esto como las famosas «cuatro nobles verdades» de las que la mayoría de la gente ha oído hablar. Cuando se mira desde esta perspectiva, resulta obvio que el budismo comparte el mismo objetivo general que la medicina: identificar y aliviar el sufrimiento.

Las similitudes entre la medicina y el budismo se extienden a sus principios éticos. La medicina declara su compromiso de aliviar el sufrimiento en uno de sus textos más antiguos, el *juramento hipocrático* de la antigua Grecia. Este documento constituye el código de conducta de la profesión médica. Al prestar este juramento, los médicos prometen que, de acuerdo con su mejor capacidad y juicio, solo prescribirán tratamientos beneficiosos. Se comprometen a no hacer daño y a llevar una vida personal y profesional ejemplar. Del mismo modo, uno de los principios rectores de las enseñanzas del Buda afirma: «No cometas ni una sola fechoría; cultiva un cúmulo de virtudes; domestica completamente tu mente». Ambas tradiciones exigen un voto de beneficiar a los demás por parte de sus practicantes, mientras estos se cultivan a sí mismos.

Dadas estas similitudes y la naturaleza del trabajo, esperaba que la profesión médica hiciera hincapié en la formación en la compasión de la misma manera que lo hace el budismo. Me sorprendió saber que, aunque el *juramento hipocrático* hace de la compasión un principio fundamental, las facultades de Medicina prestan una atención mínima a este tema. En consecuencia, los profesionales de la medicina tienen pocas oportunidades de aumentar la compasión. Quizá esto explique por qué en una encuesta de 2011 solo algo más de la mitad (53 %) de los pacientes hospitalizados afirmaron haber experimentado una atención compasiva.[27] ¿Cuánto mayor podría ser este porcentaje con una formación adecuada?

Fatiga por compasión: una concepción errónea

Un tema muy debatido en los dos retiros que impartí fue la noción de «fatiga por compasión». Me dijeron que los periodistas habían acuñado este término a principios de los noventa para describir a las enfermeras cuyo exigente trabajo las había dejado sin energía. Esta sencilla descripción se impuso y se generalizó como retrato consensuado de las luchas de los profesionales sanitarios. Al parecer, hoy en día existe incluso formación obligatoria sobre la fatiga por compasión en los centros de salud mental del ejército estadounidense.

Es cierto que gran parte de la actividad compasiva es un trabajo duro. Muchos médicos, enfermeros, trabajadores sociales y activistas medioambientales y de derechos humanos pueden dar fe de ello. Los profesionales sanitarios, por ejemplo, pueden quedar exhaustos por trabajar muchas horas y atender a más pacientes de los que su tiempo y energía pueden soportar. Puede que trabajen en instituciones disfuncionales y que sus pacientes sufran un dolor tremendo. Esto puede dejarles agotados física y emocionalmente, un estado comúnmente conocido como «agotamiento emocional» (*burnout*). Como dijo un participante en el retiro, los profesionales sanitarios pueden llegar a estar tan cansados que ya no disfrutan viendo y ayudando a sus pacientes. Pero ¿se trata de fatiga por compasión? ¿O es simplemente cansancio?

El término «fatiga por compasión» transmite una idea equivocada. La compasión genuina y la fatiga no van de la mano. La compasión no puede fatigarse. Nuestra naturaleza genuina es querer ayudar a los demás. Nuestra compasión genuina puede bloquearse o encubrirse, pero no fatigarse. Cuando sentimos que ya no nos importa –que ya no nos puede importar–, eso no significa que nuestra compasión esté agotada como una batería gastada. Simplemente, significa «estoy cansado» o «no tengo energía para ayudar a los demás en este momento». Esto no es lo mismo que decir: «He perdido toda capacidad de preocuparme por los demás». Esta afirmación no puede ser cierta. No podemos perder nuestra naturaleza. Si nos basamos en una noción como la «fatiga por compasión», podríamos adoptar o perpetuar una comprensión distorsionada de nosotros mismos, de nuestra naturaleza y de nuestros esfuerzos.

La fatiga en la asistencia sanitaria no siempre se debe únicamente a circunstancias externas. He conocido a muchos profesionales sanitarios de buen corazón y buenas intenciones que son emocionalmente vulnerables. Su buen corazón carece de estabilidad y fuerza. A muchos de nosotros nos afecta fácilmente la miseria de los demás, y es especialmente difícil en el sector sanitario. A veces los papeles se invierten y es el cuidador quien necesita atención. Me he preguntado por qué ocurre esto. Por fuera, parece como si se sintieran acosados por sus circunstancias, pero, en realidad, necesitan enfrentarse a su propio estado mental: deben enfrentarse a su propia mente.

He oído que la empatía es un término popular en las facultades de Medicina. La empatía es la capacidad de sentir lo que siente otra persona, y es una cualidad maravillosa. Pero si solo sentimos lo que siente otra persona, sufriremos tanto como ella, y esto puede dejarnos tan incapacitados como ella. Entonces, ¿cómo podemos ayudar? La compasión es diferente de la empatía. Con la compasión comprendemos y nos relacionamos con el sufrimiento de la otra persona sin marchitarnos ante él. Comprender el sufrimiento de otra persona nos motiva a ayudarla, y la dignidad y la sabiduría nos permiten hacerlo con eficacia. Por tanto, debemos cultivar la dignidad y la sabiduría junto a la compasión. Solo entonces la compasión será firme, fuerte y sana.

¿Qué podemos hacer cuando estamos agotados física o mentalmente? Podemos reconocer nuestra experiencia, mirarla directamente y aprender de ella. A medida que nos sentamos con ella, podemos ver más y más profundamente las causas y condiciones de nuestro agotamiento. Podemos llegar a reconocer que no sufrimos «fatiga de compasión», sino que hemos estado intentando practicar la compasión sin dignidad. No hemos estado centrados en nuestra naturaleza genuina. La compasión sin dignidad no es estable ni genuina. Al igual que la dignidad, la compasión es un potencial innato que nunca puede perderse, aunque podamos perder el contacto con ella. Al igual que la dignidad, es algo que podemos cultivar.

Compasión resiliente: una cualidad demostrada

Algunas personas parecen demostrar auténtica compasión de forma natural, sin esfuerzo. Su compasión es estable y resistente ante el sufrimiento ajeno. Un participante en el retiro compartió una conversación que tuvo con su mentor cirujano. Dijo que su mentor era reconocido como la persona más compasiva del hospital en el que trabajaba. Le preguntó cómo podía ser siempre compasivo.

Su mentor le contestó: «Realmente quiero ayudar a la gente. Por eso me dediqué a la medicina».

«Bueno, ¿por qué quieres ayudar a la gente?».

Su mentor le contestó: «¿De qué otro modo podría ser?».

Esta historia del cirujano irreprimiblemente compasivo generó un interesante debate entre los participantes en el retiro sobre por qué algunas personas parecen ser más compasivas que otras. Una persona dijo: «Es el cerebro». Otro respondió: «Es genético». Estas explicaciones sugieren que nuestros cuerpos físicos establecen límites a nuestra compasión. Pero la ciencia ha empezado a demostrar que no es así. Esta conversación me recordó la investigación llevada a cabo por el neurocientífico doctor Richard Davidson y su equipo de la Universidad de Wisconsin en Madison desde los años noventa hasta la actualidad.

Con el apoyo de su santidad el Dalai Lama, el doctor Davidson y sus colegas empezaron a utilizar equipos de escáner de última generación para examinar la actividad cerebral de meditadores budistas avanzados. Los participantes en el estudio eran monjes que a lo largo de su vida habían meditado decenas de miles de horas. Entre ellos estaba uno de mis tíos, Yongey Mingyur Rimpoché. Los científicos se preguntaban si los cerebros de estos meditadores avanzados serían diferentes de los de los no meditadores. Es decir, ¿podría la meditación afectar de algún modo al cerebro?

Los hallazgos del equipo del doctor Davidson sorprendieron a la comunidad científica. Mientras meditaban sobre la compasión pura –compasión sin un objeto específico–, los cerebros de los participantes mostraban una activación extrema en las áreas asociadas con la felicidad y el bienestar. Al parecer, estas zonas estaban mucho más activas que las observadas en personas que no meditaban, y permanecían al menos parcialmente elevadas cuando no meditaban. Este resultado confirma la noción budista de que nuestra mayor felicidad proviene del amor y la compasión. Para los científicos, sugiere que la compasión es un «rasgo» más que un mero «estado».[28] En otras palabras, la compasión es una habilidad duradera que puede cultivarse y no una experiencia pasajera que no deja huella. Otra forma de decirlo es que nuestra base de compasión puede elevarse.[29]

Antes de estos estudios, los científicos estaban convencidos de que en los adultos el cerebro determina la experiencia. Ahora se toman en serio un concepto denominado neuroplasticidad: que la experiencia puede cambiar el cerebro. En este caso, las pruebas sugieren que la meditación puede recablear el cerebro y que la meditación de la compasión puede hacernos muy felices.

Pero puede que te preguntes: ¿qué pasa con los que no tienen tiempo para meditar durante decenas de miles de horas de su vida? Estudios más recientes han demostrado que incluso un poco de meditación por compasión es muy útil. Por ejemplo, la doctora Helen Weng, miembro del equipo del doctor Davidson, descubrió que los participantes en el estudio que practicaron la meditación de la compasión durante solo dos semanas mostraron una mayor resistencia ante el sufrimiento que los que no lo hicieron. Al contemplar imágenes de sufrimiento, no se veían obligados a apartar la mirada como hacen normalmente las personas, y las áreas del cerebro asociadas a las emociones negativas mostraban una actividad reducida. Llevando a los participantes del estudio a través de una serie de imágenes de sufrimiento progresivamente extremas, demostró que la compasión puede desarrollarse como el fortalecimiento de un músculo o el aprendizaje de una nueva afición.[30]

Otras investigaciones del equipo del doctor Davidson han demostrado que meditar sobre el amor y la compasión produce patrones neuronales más acordes con el sufrimiento de los demás, lo que nos hace más propensos a ayudar. También estabiliza nuestra atención y reduce el vagabundeo mental, en particular los pensamientos obsesivos sobre uno mismo. A medida que meditamos, con el paso del tiempo, estas y otras cualidades se fortalecen en nosotros, de modo que nos transformamos de manera firme. Esto incluye una reducción de la secreción de cortisona, una hormona que se activa con el estrés. Estos hallazgos sugieren que cultivar la compasión es algo más que una habilidad útil para los profesionales de la medicina: podría decirse que es esencial. Y no solo para los profesionales de la medicina, sino también para los agentes del orden, los socorristas y cualquiera que quiera ayudar a los demás. Porque, por supuesto, todos queremos ayudar a los demás, lo reconozcamos o no. Y todo el mundo puede aprender a tener compasión sin fatiga.

El orgullo: un obstáculo
para la auténtica compasión

El tema del orgullo surgió durante los dos retiros de medicina y compasión que impartí conjuntamente con el doctor Shlim. Aprendí que el orgullo es un problema común en la comunidad sanitaria, especialmente entre los médicos. Un médico de la UCI confesó sus dificultades para sentirse orgulloso cuando ayuda a un paciente. En la UCI todo sucede con rapidez y las decisiones deben tomarse con celeridad. Dijo que dar un diagnóstico correcto a un paciente en circunstancias tan intensas le produce inmediatamente un sentimiento de gran orgullo. Pero luego, continuó, «de alguna manera, a este orgullo siempre le sigue un persistente sentimiento de ira, y después de miedo». Llamó a sus sentimientos «orgullo médico».

Cuando hacemos una buena acción, lo sabemos en el fondo de nuestro corazón. Así es como debe ser: no hay nada malo en sentirse bien cuando se salvan vidas. Pero debemos preguntarnos: ¿cuál es el motor de nuestra acción? ¿Ayudamos a los demás porque necesitan ayuda? ¿O ayudamos a los demás para sentirnos bien con nosotros mismos? En otras palabras, ¿nuestra compasión tiene que ver con nosotros o con los demás? ¿Nos anteponemos a nosotros mismos o anteponemos a los demás?

He oído decir que «ayudar es su propia recompensa». Estoy de acuerdo con esto. Cuando ayudamos a alguien, simplemente deberíamos alegrarnos de que esa persona haya sido ayudada. Pero el orgullo nos da un sentido de propiedad. Es como si el orgullo y la propiedad fueran las dos caras de una misma moneda. Cuando ayudamos a alguien y surge el orgullo, creemos que «somos dueños» de la compasión. La compasión se convierte en algo sobre mí, no tanto sobre la otra persona. Estoy contento porque «yo» te he ayudado. La compasión sin propiedad es compasión genuina porque refleja nuestra naturaleza genuina. Por eso es incondicional. Cuando decimos que «yo» salvé a alguien, nuestra identificación con el «yo» es fuerte, lo que hace que nuestra compasión sea automáticamente débil. Hacer eso es un problema.

Cuanto más fuerte es nuestro ego, más débil es nuestra compasión. Cuando deseamos humilde y sinceramente beneficiar a los demás, nuestra compasión se fortalece. Cuando nos creemos superiores a las personas a las que ayudamos y nos enorgullecemos de nuestras acciones, somos incapaces de dar de manera sincera. Nuestra bondad es buena solo hasta que nos apegamos a ella. Cuando nos apegamos a nuestras buenas acciones, surge el orgullo y disminuye la compasión. Como hemos dicho en el capítulo anterior, no podemos evitar por completo el uso de la palabra «yo». Debemos comunicarnos. Pero es importante pensar en el «yo», no como el ego, sino como el portador de nuestra aspiración y responsabilidad compasivas. Proviene de un lugar más profundo.

La superioridad egocéntrica del orgullo se basa en la comparación. La comparación nos priva de una comprensión plena de los demás y de la realidad. Hace que nuestra compasión esté segmentada o compartimentada. Debido al orgullo, nuestra generosidad discrimina entre beneficiarios «buenos» y beneficiarios «malos», entre ricos y pobres, amigos y enemigos, estadounidenses y no estadounidenses. Por ejemplo, es muy común sentir compasión por las personas que viven en la pobreza sin reconocer que los ricos también merecen compasión. Mientras que las personas con bajos ingresos sufren la falta de confort material, los ricos padecen otro tipo de sufrimientos. Con orgullo segmentamos nuestra compasión basándonos en nuestras propias proyecciones y expectativas en lugar de en las necesidades reales de los demás. De este modo, nuestra compasión es limitada, condicional, diluida e incompleta. No tiene la fuerza y la belleza de la compasión genuina que enseñó el Buda.

A veces vemos esta distorsión de la compasión entre los activistas políticos. Muchos activistas consideran la ira como una fuerza motriz necesaria e inevitable para su activismo. No ven que su ira es orgullo disfrazado. El maestro zen Thich Nhat Hanh ha observado que el movimiento por la paz en Estados Unidos durante los años sesenta no tuvo paz en sí mismo porque la gente rápidamente respondía de manera enfadada.[31] Bajo esta ira, estaba el orgullo de pensar que los demás estaban equivocados mientras que ellos tenían razón, y que esos otros debían ser destruidos en consecuencia. A menudo olvidamos la compasión que nos llevó a la acción en primer lugar. Nos fijamos en el egocentrismo y dividimos a los amigos de los enemigos. Por desgracia, esta actitud basada en el ego nos aleja de nuestra dignidad, refuerza nuestras proyecciones distorsionadas y nos separa de los demás. Olvidamos que estamos interconectados con todos los seres. Entonces nos convertimos en parte del problema que queremos corregir.

El orgullo surge cuando nos identificamos con nuestro ego ilusorio; la dignidad surge cuando nos identificamos con nuestra naturaleza innata, nuestra bondad inherente. La compasión solo puede ser auténtica cuando se basa en la dignidad. Esto es lo que hace que la acción compasiva sea fuerte y firme. La compasión basada en la dignidad no tiene agenda. No actuamos esperando recibir nada a cambio. Nos centramos totalmente en el beneficio de la otra persona. Pero en la medida en que nos identificamos con el ego, y el orgullo está implicado, nuestra pasión tiene ataduras. Queremos algo para nosotros.

Por supuesto, suele haber un rastro de orgullo en nuestra compasión. Date cuenta de que el orgullo no es más que un hábito; estamos habituados a pensar que somos más que los demás, lo que irónicamente nos priva de todo nuestro poder. Al fortalecer nuestra dignidad, nuestra naturaleza original, trabajamos para reducir y finalmente eliminar todo rastro de orgullo. Esto significa que trabajamos para aumentar nuestras cualidades positivas y reducir las negativas. La dignidad siempre es humilde, pero el orgullo nunca lo es. La dignidad se adapta a cualquier situación, pero el orgullo no. La dignidad se da cuenta, pero el orgullo juzga. A la dignidad no le afectan los errores, pero al orgullo sí. Con dignidad, buscamos firmemente mejorarnos a nosotros mismos. Esto nos permite darnos cuenta de nuestros puntos ciegos y abordarlos. En lugar de escondernos de nuestros defectos, los afrontamos y los corregimos.

Cuando basamos la compasión en la dignidad y no en el orgullo, se reducen nuestros miedos e inseguridades. Reconocemos nuestra interconexión con todos los seres, y la igualdad se convierte en un principio rector. En lugar de protegernos a nosotros mismos, buscamos proteger a los demás. La compasión basada en la dignidad nos guía como una brújula moral, mientras que el orgullo nos convierte en policías morales. Hasta que no estemos iluminados, no podremos librarnos por completo del orgullo, y sabremos de su presencia cuando nos volvamos emocionales, insatisfechos, temerosos y nos fatiguemos con facilidad. Afrontar los retos que plantean emociones negativas como el orgullo es un proceso largo. Pero es un paso gratificante que debemos dar si aspiramos a vivir una vida más apasionada.

Poner la compasión en acción

El budismo Mahayana considera que la compasión es la esencia de la bodhicitta. Antes he descrito la bodhicitta como el deseo sincero de ayudar a otros seres a superar el sufrimiento y alcanzar la iluminación. También se conoce como «bodhicitta relativa», porque mantiene un sentido de relación entre el que ayuda y la persona a la que se ayuda. Inseparable de la bodhicitta relativa es la «bodhicitta absoluta», que es la comprensión de la vacuidad. Esta realización elimina la noción de alguien que ayuda y de alguien a quien se ayuda. Pronto hablaré más de ello, pero por ahora concentrémonos en la bodhicitta relativa.

Recordemos que la bodhicitta relativa tiene dos divisiones: la bodhicitta de aspiración y la bodhicitta de aplicación. Cuando practicamos los cuatro inconmensurables –amor, compasión, alegría y ecuanimidad– estamos practicando la bodhicitta de aspiración. Hacemos aspiraciones que apartan nuestra atención del egocentrismo y abren nuestros corazones. También podemos practicar las «seis paramitas» para poner en práctica estas aspiraciones. Así es como practicamos la bodhicitta de aplicación.

La palabra sánscrita *paramita* se traduce como «perfección». Al practicar las seis paramitas y aplicarlas en nuestra vida cotidiana, trascendemos nuestros patrones habituales y perfeccionamos nuestra pasión, sabiduría y dignidad. Las cinco primeras paramitas –generosidad, disciplina, paciencia, diligencia y concentración– están relacionadas con la bodhicitta relativa, mientras que la sexta, la sabiduría, es la sabiduría que conoce la vacuidad. Las seis paramitas son un tema muy amplio, pero me gustaría mencionarlas brevemente en el contexto de nuestro debate sobre la compasión.

Cuando practicamos la generosidad, la primera paramita, damos activamente a los demás. Todos estamos familiarizados con dar cosas materiales como comida o regalos a amigos, familiares o necesitados. Otras formas importantes de generosidad son preservar la vida y dar cosas no materiales, como nuestra presencia o nuestros consejos cariñosos y compasivos.

Disciplina, la segunda paramita, no significa ser rígido o inflexible, características con las que tendemos a asociar esta palabra. En este contexto, disciplina es simplemente ser responsable de nuestras acciones. Para ello debemos ser conscientes de no hacer daño y de beneficiar a los demás. Asumir este compromiso sirve para alinear nuestras acciones con nuestra dignidad fundamental, de modo que surjan de una motivación genuinamente compasiva.

La paciencia, la tercera paramita, tiene varios niveles. Cuando nos enfrentamos a situaciones difíciles, primero necesitamos la paciencia de no reaccionar. Luego necesitamos la paciencia de comprender a quienes nos hacen sufrir. El siguiente nivel es la paciencia de aceptar las dificultades como un camino. Sin paciencia, reaccionamos o exageramos, y entonces nos rendimos a la duda en lugar de cultivar la comprensión compasiva. Para cualquier acción compasiva, la paciencia es imprescindible.

La cuarta paramita, la diligencia, es una acción realizada con alegría y buena motivación; a veces se la llama «esfuerzo gozoso».

Perfeccionar la quinta paramita, la concentración meditativa, significa que nuestra mente no se aparta de la atención consciente. Permanecemos atentos a lo que hacemos y conscientes de nosotros mismos y de lo que ocurre a nuestro alrededor.

La sexta paramita, la sabiduría, es la bodhicitta absoluta que he mencionado antes. Es la realización de la vacuidad que hace que las otras paramitas sean «trascendentes». De hecho, a veces se llama a las seis paramitas las «perfecciones trascendentes». Cuando combinamos generosidad, disciplina, paciencia, diligencia y concentración con la sabiduría que conoce la vacuidad, entonces se hace posible la compasión trascendente o absoluta. Por ejemplo, cuando damos dinero a un mendigo (la primera paramita), el ego permanece implicado hasta que podemos hacerlo sin la sensación de que hay alguien que da, alguien que recibe, algo que se da y un acto de dar. Cuando podemos dar sin estar limitados por ninguno de estos conceptos, nuestra generosidad es trascendente. Se convierte en una expresión pura de nuestra naturaleza inherentemente generosa. El mismo principio se aplica a las demás paramitas. De este modo, las seis paramitas cultivan nuestra compasión, sabiduría y dignidad innata.

Las seis paramitas son bien conocidas en el budismo. Menos conocidas son las «diez paramitas». Estas consisten en las seis paramitas más cuatro adicionales que representan otros aspectos de la paramita de la sabiduría: medios hábiles, fortaleza, aspiración y sabiduría primordial. Proporcionan un apoyo adicional para hacer trascendentes las otras paramitas.

Por ejemplo, si tiras dinero a un mendigo, ¿estás dando con generosidad? Yo creo que no. Esta es la razón por la que la generosidad necesita medios hábiles, la séptima paramita. La palabra tibetana que se traduce como «medios hábiles» es *top*, que significa «muy bueno en». Necesitamos ser buenos dando. La generosidad también necesita fuerza, la octava paramita. Sin fuerza, podemos desgastarnos por nuestras acciones. La aspiración (*monlam* en tibetano), la novena paramita, mantiene nuestra intención viva, mientras que la décima, la sabiduría primordial (*yeshe* en tibetano), nos permite actuar con sabiduría última. *Ye* significa «primordial», y *she,* «siempre presente». Esta sabiduría siempre ha estado presente con nosotros y siempre está disponible.

Estas paramitas adicionales nos recuerdan que no debemos aferrarnos al acto de dar ni tener ninguna expectativa a cambio.

De lo contrario, nuestra generosidad se diluye o se vuelve impura, y podemos encontrarnos con el arrepentimiento más tarde. Por ejemplo, si ofreces doscientos dólares a una organización de beneficencia, pero luego te arrepientes de la donación pensando que deberías haber dado solo cien dólares, tu intención generosa inicial está contaminada. Dar con cálculo no es generosidad; refleja tu tacañería, que es lo contrario de la generosidad. El mismo principio se aplica a las demás paramitas.

¿Te has dado cuenta de que practicar la compasión es relativamente fácil cuando todo va bien en tu vida? En cambio, ¿cómo es tu práctica de la compasión cuando experimentas dificultades físicas, emocionales o económicas, o cuando tu autoimagen se ve cuestionada? La compasión no es verdadera compasión si no trasciende nuestras tendencias o emociones habituales. En otras palabras, la compasión debe basarse en la comprensión de la empatía o la ausencia de ego. Sin esta comprensión, nuestra práctica de la compasión no es una paramita (perfección). Por supuesto, hasta que no estemos iluminados, nuestra compasión es parcial y no perfecta. Pero la práctica de estas paramitas nos conducirá en la dirección correcta a medida que cultivamos y fortalecemos nuestras cualidades inherentes de compasión, sabiduría y dignidad.

Estabilidad e inclusión

En su última enseñanza, Jigme Phuntsok Rimpoché dijo: «No perdáis el norte. No perturbes la mente de los demás». Estas palabras de despedida me parecen muy poderosas. Aunque algunos eligen traducir la primera sentencia como «No pierdas el camino», mi traducción preferida –«No pierdas tu fundamento»– pone de manifiesto que Phuntsok Rimpoché nos recuerda que nunca debemos perder el contacto con nuestra naturaleza búdica, la base de nuestra compasión. Esta base es la misma para todos nosotros, seamos quienes seamos. Cuando perdemos nuestra base, abandonamos nuestra aspiración de beneficiar a los demás. No debemos huir de las dificultades cuando surgen, debemos ser valientes y decididos y mantenernos firmes. Así nos aseguramos de que nuestra compasión sea estable.

El siguiente consejo de Phuntsok Rimpoché: «No perturbes la mente de los demás», es el núcleo de la compasión. Perturbamos la mente de los demás cuando les enfadamos o les molestamos, o cuando hablamos de forma divisiva. Estar decididos a no perturbar nunca la mente de nadie, sea quien sea, hace que nuestra compasión sea inclusiva, sin discriminar entre ricos o pobres, jóvenes o viejos, personas de una nación o de otra. Cuando mantenemos nuestra base y la aspiración de no perturbar nunca la mente de nadie, nuestro compromiso con la compasión no exige esfuerzos y progresamos en el objetivo de aliviar realmente el sufrimiento de los demás. Es un hábito alejarse de nuestro fundamento, de nuestra naturaleza búdica, pero si siempre recordamos volver, este hábito se debilitará. Nunca nos sentiremos perdidos, y nuestra compasión se expandirá y crecerá.

Podemos encontrar muchos ejemplos contemporáneos que muestran los beneficios de no perder el fundamento y no perturbar la mente de los demás. La experiencia vivida por Garchen Rimpoché es uno de ellos.

Garchen Rimpoché es un lama muy venerado del linaje Drikung Kagyu del budismo tibetano. Durante la Revolución Cultural china fue capturado, encarcelado y confinado en campos de trabajo. Durante sus veinte años de encarcelamiento, conoció a Khenpo Munsel, un compañero de prisión que se convirtió en su gurú raíz. Las enseñanzas de Khenpo Munsel ayudaron a Garchen Rimpoché a soportar dificultades insondables. En palabras del propio Garchen Rimpoché:

> Al principio, la prisión era para mí el reino del infierno. En el medio, después de conocer a Khenpo Munsel Rimpoché, el duro trabajo que había considerado doloroso e infructuoso se convirtió poco a poco en mi práctica diaria del Dharma. Al final…, la prisión se convirtió en una tierra de joyas, y el odio y la ira hacia mis enemigos terminaron por transformarse por completo.[32]

Garchen Rimpoché nunca perdió el norte y nunca perturbó las mentes de los demás, incluidas las de los guardias de la prisión que lo torturaron. Desde que salió de prisión en 1979, ha trabajado incansablemente para enseñar la compasión.

Garchen Rimpoché ejemplifica las dos cualidades mentales de la verdadera compasión: estabilidad e inclusividad. Dijo: «No volví de la prisión con las manos vacías. El sufrimiento, fuente de dolor, se convirtió en el catalizador. Pude desarrollar una genuina aspiración altruista…, y, a través de ella, cumplir el propósito de mi nacimiento humano en esta vida».[33]

El mero hecho de que Garchen Rimpoché sobreviviera a tantos años de encarcelamiento y tortura ya es increíble. Que utilizara esta experiencia como una oportunidad para aumentar drásticamente su compasión es asombroso. Su compasión abarca el mundo entero, incluido él mismo y los guardias de la prisión, y nadie puede arrebatársela. Gracias a su gran compasión, se ha liberado de posicionarse en contra de los demás y trabaja incansablemente para proteger a todo el mundo.

FORMACIÓN EN LA DIGNIDAD

Tonglen: el arte de dar y recibir

La palabra tibetana *tonglen* se traduce como «dar y tomar» o «enviar y recibir». A veces también se conoce como «intercambio de uno mismo con los demás». El tonglen es una meditación en la compasión en la que mentalmente asumimos o recibimos el sufrimiento de los demás, mientras les damos o enviamos nuestra paz y felicidad. Esto suena contraintuitivo, y desde la perspectiva del ego lo es. Pero cambiar deliberadamente nuestras circunstancias favorables por el sufrimiento de los demás transforma nuestra compasión limitada en gran compasión. Nuestro corazón se vuelve puro, sencillo, gentil, humilde, abierto y vasto. Vuelve a su belleza y pureza originales. En el proceso, no solo ayudamos a sanar a los demás, sino que también nos sanamos a nosotros mismos.

Puede que tengas dudas a la hora de realizar esta práctica, pero no te preocupes. Inspirar el sufrimiento de los demás no te hará daño. Solo desde la perspectiva del ego te parecerá que estás sacrificando tu propio bienestar. Al contrario, tú eres el principal beneficiario de esta práctica. Al cambiar el enfoque de ti mismo a los demás, tus cualidades innatas de amor y compasión se despertarán y fortalecerán. Tus hábitos negativos se reducirán. Disminuirá tu sentido de la propiedad («mi compasión», «mi éxito», «mi práctica»). Desarrollarás las cualidades de estabilidad e inclusividad, para estar eventualmente preparado para ayudar al mundo como un verdadero bodhisattva.

La siguiente práctica preparatoria reduce el apego a ti mismo. Te sentirás más ligero y preparado para la práctica de dar y recibir.

- Calma tu mente utilizando una de las técnicas de respiración explicadas anteriormente. Una mente tranquila y despejada es esencial antes de poder intercambiarte con los demás.
- A continuación, contempla la igualdad de todos los seres. Si estás luchando contra el miedo, la preocupación o la enfermedad, piensa en los innumerables seres que están padeciendo un sufrimiento similar en este mismo momento: al igual que tú deseas liberarte del sufrimiento, ellos también lo desean. Por otro lado, si te sientes alegre y feliz, piensa que a todos los seres les gustaría sentir la misma felicidad. Todos compartimos la misma actitud hacia el sufrimiento y la felicidad. ¿Por

qué debería ser más importante la felicidad de un individuo que la de los demás?

- Imagina tu ego como una bola negra en el centro de tu corazón. Visualiza que está succionando y absorbiendo todos tus pensamientos negativos como el aferramiento, la ira, los celos, el miedo y el apego.

- Luego visualiza que esta bola negra explota y se disuelve en el aire sin dejar rastro. Observa cualquier diferencia que puedas sentir.

- Ahora llegamos a la práctica del tonglen en sí, que es muy sencilla. Básicamente, regalas mentalmente tu felicidad y recibes el sufrimiento de los demás. Coordina este proceso de dar y recibir con tu respiración. Puedes hacer esta práctica con un individuo en particular, con un grupo de individuos o con todos los seres.

- Al espirar, visualiza todas tus cualidades positivas y tu buena fortuna como una luz fría que se extiende a todos los seres que sufren. De este modo, ofréceles tu felicidad, buena salud, alegría, bondad, sabiduría y realización.

- Mientras inspiras, aspira todo su dolor, malestar, miedo, enfermedad, depresión y fatiga mientras les deseas que se liberen de todo sufrimiento.

- Después de repetir este proceso durante el tiempo que hayas determinado previamente, concluye tu práctica en meditación silenciosa. Deja que la distinción entre el yo y el otro, entre el que da y el que recibe, se disuelva de forma natural. Descansa en la amplitud del vacío. Ahora has pasado de la práctica de la compasión relativa del tonglen a la práctica de la compasión absoluta de descansar en el estado natural.

Tómate tu tiempo con esta práctica. No te precipites. Al principio, necesitarás un esfuerzo deliberado y puede parecer artificial. Puede que no te parezca auténtico enviar a los demás tu felicidad y buena suerte, mientras recibes su dolor y sufrimiento. Está bien sentirse así al principio. Esta práctica te permitirá recuperar poco a poco la profunda conexión que perdiste hace tiempo con todos los seres, tanto animales como humanos. Esto forma parte de la recuperación de la pureza innata de tu naturaleza compasiva.

Apoyo inspirador

Toda la alegría del mundo
es el resultado de desear felicidad a los demás.
Toda la miseria que el mundo contiene
es el resultado de querer el placer para uno mismo.

SHANTIDEVA[34]

Parte tres:
Ganar seguridad y confianza

Conoce por ti mismo
tu autoconciencia suprema.

TILOPA[35]

11. Poder auténtico

Si eres libre,
tienes que liberar a otra persona.
Si tienes algún poder,
tu trabajo es dar poder a otra persona.

TONI MORRISON[36]

Antes de convertirse en el Buda, Siddhartha Gautama creció como un príncipe, hijo del gobernante del clan Sakya. Antes del nacimiento de Siddhartha, un hombre santo profetizó que el joven príncipe se convertiría en un gran rey o en un gran líder espiritual. El padre de Siddhartha quería que su hijo heredara su poder mundano y se convirtiera en rey. Pero Siddhartha desobedeció a su padre y renunció al poder mundano en pos del camino espiritual.

¿Cuál de estas opciones elegirías? ¿Pretenderías ser un líder mundial o un líder espiritual? ¿Tener poder mundano o poder espiritual? ¿Por qué? Tómate un momento para considerar esto.

Una profesora amiga suele comenzar su clase introductoria sobre budismo con esta historia antes de plantear a sus estudiantes la misma pregunta que acabo de hacerte a ti. La mayoría de sus estudiantes dicen que elegirían el poder mundano, argumentando que poseer poder financiero, militar o político es la mejor manera de resolver los problemas del mundo. «Hay que tener dinero y poder para poder ayudar a los demás», afirman. Estos jóvenes quieren hacer algo bueno por el mundo. La cuestión es cuántos de ellos serían capaces de convertir esa intención inicial en una acción concreta realmente beneficiosa.

Estos estudiantes ven el poder del mismo modo que la mayoría de la sociedad –como una forma de control que va más allá de uno mismo–. Esto incluye el control sobre otros individuos, el Estado o la sociedad. Este control suele ir acompañado del éxito personal, como la riqueza, el estatus social, la fama y la fuerza física. Estamos muy ocupados escalando peldaños materiales, sociales y políticos, pero ¿nos aporta felicidad este tipo de éxito y poder? ¿Existe el riesgo de que nos consuman tanto los objetivos externos que acabemos por no prestar suficiente atención a lo que ocurre en nuestro interior?

He conocido a personas ricas y famosas cuyas vidas interiores están llenas de lucha y sufrimiento. Para muchos, el deseo de poder o fama mundanos anula fácilmente la motivación altruista, dejándoles empobrecidos por dentro. Pero hay otro tipo de poder distinto del que controla lo que ocurre fuera de uno mismo. Es el poder que controla lo que ocurre dentro de uno mismo: el poder de la vida interior. Desde una perspectiva budista, el poder interior es mucho mayor que el poder exterior. ¿Por qué? Nuestra percepción del mundo exterior depende de la calidad de nuestra mente. Solo mediante el ejercicio del poder interior podemos hacer que el poder exterior actúe de forma positiva y beneficiosa.

¿Cuál es la base del poder interior? La dignidad. El poder interior se manifiesta naturalmente cuando reconocemos y vivimos plenamente en nuestra naturaleza originalmente pura, nuestra bondad inherente. Con dignidad, podemos ejercer el poder exterior de forma sabia y beneficiosa; sin dignidad, el poder exterior se vuelve tremendamente seductor para el ego, amenazando con ejercer control sobre nosotros. Cuando moramos plenamente en el ego, percibimos el poder exterior como su propia recompensa, divorciada de los valores interiores. Nos preocupamos por lo que «me» gusta, lo que «yo» pienso, lo que «yo» quiero. Podemos empezar con buenas intenciones, pero esas intenciones se corrompen fácilmente debido a los objetivos externos.

En el mejor de los casos, el poder externo es inestable. En el peor de los casos, puede provocar problemas y desarmonía. El poder espiritual de la dignidad se basa en la conciencia y la decisión. Cuando tenemos poder mundano, nuestra compasión y sabiduría pueden o no manifestarse siempre. Cuando nuestra mente no está en calma y en paz, puede que no utilicemos el poder con compasión y sabiduría. Pero cuando tenemos dignidad, nuestra compasión y sabiduría irradian de forma natural; nos volvemos naturalmente poderosos. El verdadero poder es inherente a nosotros; solo tenemos que aprender a acceder a él.

Imagina una sociedad llena de individuos compasivos, sanos y perspicaces. ¿No supondría un cambio poderoso y revolucionario en el mundo, de forma orgánica?

Compasión, sabiduría, dignidad

La tradición budista tibetana suele comparar la compasión y la sabiduría con las dos alas de un pájaro. Al igual que un pájaro necesita dos alas para volar, nosotros necesitamos tanto compasión como sabiduría para transformar la mente. Si tenemos compasión sin sabiduría, caeremos en picado. Del mismo modo, si tenemos sabiduría sin compasión, caeremos en picado. No podemos tener una sin la otra. Es una bonita analogía, ¿verdad?

Pero hay un tercer elemento considerado esencial en la tradición budista tibetana. Ese tercer elemento es la dignidad. Si jugáramos con la analogía tradicional, podríamos decir que dos alas por sí solas no bastan para evitar que caigamos en picado: también necesitamos el poder de batir las alas. Así es como avanzamos.

Por lo tanto, para volar correctamente, es decir, para transformarnos plenamente y ayudar a los demás, necesitamos compasión, sabiduría y dignidad. Las tres son esenciales. Si carecemos de una de ellas, nuestros esfuerzos no serán eficaces. Debemos cultivar estas tres cualidades conjuntamente.

Al mismo tiempo, cada una de estas cualidades es completa por sí misma. Cuando la compasión es auténtica, está naturalmente impregnada de sabiduría y dignidad. Del mismo modo, la sabiduría está impregnada de compasión y dignidad, y la dignidad, de compasión y sabiduría. Cuando nos encontramos con alguien que irradia sabiduría y compasión de forma natural, nos damos cuenta de que también irradia estabilidad y fortaleza, las cualidades de la dignidad. No podría ser de otro modo. Esa persona se ha estabilizado en el reconocimiento de su naturaleza intrínseca. Llegar a ese punto requiere que trabajemos la compasión, la sabiduría y la dignidad a la par.

Es muy instructivo ver cómo Buda Shakyamuni enseñó estas cualidades. Primero enseñó la compasión. Amar es algo muy natural. Nos resulta más fácil experimentar una conexión profunda con otros seres sensibles y sentir su sufrimiento que examinarnos inmediatamente a nosotros mismos. Al enseñar la compasión, el Buda enseñó a ser conscientes de nuestra interconexión con todos los seres, incluidos los humanos, los animales, las plantas y los minerales.

A continuación, el Buda enseñó la naturaleza del sufrimiento y la naturaleza del yo. Desarrollamos la sabiduría a través de la comprensión de que el yo no es permanente y está compuesto de partes.

Después, el Buda enseñó la dignidad o el orgullo vajra. La comprensión ulterior de la compasión y la sabiduría es que son nuestra naturaleza innata, que nunca está separada de nosotros. ¿Qué podemos aprender de la forma en que el Buda enseñó estas tres cualidades esenciales e interrelacionadas? Si se me permite, lo expresaré de este modo:

La compasión es la forma de comenzar.
La sabiduría es cómo desarrollarse.
La dignidad es la forma de ser.

Empezamos trabajando con nuestras propias emociones y preocupándonos por los demás. Nos desarrollamos aún más mediante la comprensión del yo y su naturaleza ilusoria, lo que nos permite ver con claridad tanto nuestros defectos como nuestras cualidades interiores. Esta visión clara es la sabiduría que nos permite distinguir entre lo que hay que hacer y lo que no hay que hacer. Sabemos cómo ser en la medida en que confiamos en nuestras cualidades innatas, en nuestra sabiduría primordial. Tenemos la dignidad de ser nosotros mismos y de permanecer fieles a lo que somos.

Tres protectores

Por favor, no pienses que hacemos la meditación en la compasión para desarrollar compasión, que hacemos la meditación de la sabiduría para desarrollar la sabiduría, y que hacemos la meditación de la dignidad para desarrollar la dignidad, como si fueran entrenamientos separados para cualidades separadas. No funciona así. No importa qué tipo de meditación hagas o cuánto tiempo la hagas, todas las instrucciones de las enseñanzas budistas generan las tres cualidades. Las tres cualidades de compasión, sabiduría y dignidad están tan íntimamente interconectadas que, a menudo, se agrupan para representar nuestras cualidades más preciadas. Este conjunto de tres cualidades se conoce a veces como los «tres protectores». Nos protegen del daño de la confusión mental y emocional. Mientras tengamos las tres, estaremos protegidos, sean cuales sean las circunstancias.

Tal vez hayas visto imágenes del arte budista tibetano, como las expuestas en el Museo de Arte Rubin de Nueva York, o en revistas o libros. El arte tibetano representa con frecuencia a distintos budas con una gran variedad de apariencias. Algunos tienen un aspecto más bien «normal», con expresiones pacíficas, mientras que otros parecen feroces o enfadados, con muchos brazos y piernas. Aunque estas imágenes puedan parecernos extrañas, representan nuestras propias cualidades intrínsecas. ¿Cómo se puede representar la compasión? No es exactamente algo que se pueda ver. ¿Y la sabiduría? De nuevo, no se puede ver. ¿O la dignidad? Se puede conocer, pero no ver. El arte budista tibetano representa simbólicamente estas y otras cualidades «invisibles» mediante imágenes icónicas.

La compasión, la sabiduría y la dignidad están representadas por los budas llamados Avalokiteshvara, Manjushri y Vajrapani. Aunque son budas, a menudo también se los denomina bodhisattvas para destacar su extraordinaria bodhicitta. Cada uno simboliza una de las cualidades de los budas: Avalokiteshvara es la encarnación de la compasión de todos los budas; Manjushri es la encarnación de la sabiduría de todos los budas; y Vajrapani es la encarnación de la dignidad de todos los budas. A veces se dice que estos tres seres rodeaban al Buda Shakiamuni como protectores del tesoro interior de la naturaleza despierta. Pero podemos entenderlos como las cualidades que necesitamos para protegernos de la confusión. ¿Qué significa llamar «budas» a estos protectores?

Como recordarás, el término *buda* significa «despierto». ¿Qué clase de seres están despiertos? Estar despierto significa tener compasión completa, sabiduría completa y dignidad completa. Quizá te preguntes qué significa que estas cualidades sean «completas». Significa que no son parciales ni se basan en opiniones. Y no son algo que nos pertenezca. La compasión no es «mi» compasión ni «tu» compasión. La sabiduría no es «mi» sabiduría ni «tu» sabiduría. La dignidad no es «mi» dignidad ni «tu» dignidad.

La compasión, la sabiduría y la dignidad auténticas son como el sol que brilla en todas partes por igual, sin discriminación. Debemos ir más allá de nuestra tendencia habitual que nos conduce a ponernos en primer lugar, o a ver las cosas desde «nuestro» punto de vista, o a pensar que nuestra compasión es la compasión correcta. La compasión es simplemente compasión. La sabiduría es simplemente sabiduría. La dignidad es simplemente dignidad.

El buda que representa la compasión, Avalokiteshvara, es una de las figuras más populares y queridas del mundo budista. Aunque suele representarse como varón, Avalokiteshvara adopta la forma femenina de Guanyin en la tradición budista china. En la iconografía tibetana, Avalokiteshvara tiene muchas representaciones simbólicas. Las dos más típicas son una con cuatro brazos, y otra con mil brazos. Ambas son de color blanco, símbolo de la compasión pura del corazón. Los cuatro brazos representan las cuatro cualidades inconmensurables de la compasión, la bondad amorosa, la alegría y la ecuanimidad. Los mil brazos representan las incansables actividades de los bodhisattvas que se extienden para ayudar a todos en el universo. Cada mano tiene un ojo en la palma, que simboliza cómo la compasión (el brazo extendido) está siempre guiada por la sabiduría (el ojo).

Manjushri es considerado el bodhisattva de la sabiduría, otra figura popular del budismo. Se le representa de color amarillo o dorado, como el sol que ilumina a todos por igual. Su mano derecha sostiene una espada, la espada de la comprensión profunda, que corta la duda y el ego. Su mano izquierda sostiene una flor de loto con un libro de estilo tibetano (*pecha*) en la parte superior. El libro simboliza el conocimiento radiante. A partir de esta representación, sabemos que la sabiduría es necesaria para cortar las emociones negativas y adquirir el conocimiento de la ausencia de ego. La verdadera sabiduría consiste en dejar de fijarnos en nosotros mismos, en lo que consideramos nuestro y en lo que creemos que es correcto. A través de la apertura de la sabiduría, accedemos a la esencia de nuestra naturaleza. Cultivar la sabiduría requiere que trabajemos con nuestro interior, reconociendo y desarrollando nuestras cualidades internas. Cuando nos enfrentamos a obstáculos, por ejemplo, podemos utilizarlos como catalizadores para superar las dificultades y desarrollar la sabiduría. Una vez desarrollada la sabiduría, corta de raíz la ignorancia.

El representante de la dignidad, Vajrapani, es muy conocido en el budismo tibetano, pero menos popular en otras tradiciones budistas. Muchas veces, Vajrapani aparece como una de las deidades feroces o «iracundas» con la cualidad de someter las emociones negativas. Es azul como el cielo, que representa el espacio. No importa cuántas nubes cubran el cielo, el cielo siempre está ahí, omnipresente e inmutable. En su mano derecha, Vajrapani sostiene un instrumento ritual llamado *vajra*, que significa poder y fuerza. El vajra es indestructible e irrompible. Es el material más duro de la tierra; cuando se lanza el vajra, otras cosas se rompen, pero el vajra no. La mano izquierda de Vajrapani sostiene un espejo en su corazón. Una llama surge de su dedo índice izquierdo, lo que significa que la dignidad arde en el centro del corazón. En Japón, Vajrapani es la inspiración de los populares guardianes llamados Niō (Reyes Benévolos), que se yerguen majestuosos a la entrada de muchos templos budistas. Al igual que Vajrapani, estos guardianes tienen un aspecto iracundo y aterrador, lo que se refiere a su feroz poder para dominar las malas influencias, eliminar los obstáculos y proteger las buenas cualidades.

Aunque cada uno de estos budas representa –o destaca– una de las tres cualidades protectoras, las tres cualidades están plenamente desarrolladas en cada uno de ellos. Por ejemplo, aunque pueda parecer lo contrario, Vajrapani está lleno de amor y compasión. Su apariencia feroz e iracunda representa el poder de la dignidad para dominar la ignorancia del egocentrismo y las emociones negativas que genera. Esto es algo que consideramos sabio y compasivo. Del mismo modo, la compasión y la sabiduría también dominan: la compasión domina la ira y la sabiduría domina la ignorancia. La compasión, la sabiduría y la dignidad son los tres protectores que nos protegen de nuestras tendencias habituales y de la confusión, utilizando medios tanto pacíficos como iracundos.

Los tres protectores se manifiestan en la calidez de la presencia de las personas (compasión), su aguda comprensión (sabiduría) y su poder interior (dignidad). Como hemos visto, estas cualidades son inseparables y, por tanto, la dignidad es esencial. Cualquier persona con compasión y sabiduría estables es inherentemente poderosa, y el poder y la estabilidad de la dignidad hacen posible cultivar plenamente nuestra compasión y sabiduría. Por muy compasivos y sabios que seamos, sin dignidad es difícil transformarnos de verdad. Los seres humanos no somos solo seres de compasión y sabiduría, sino también seres de dignidad. Solo tenemos que reconocerlo. Esa es la forma más crucial de mantener nuestros tesoros interiores.

¿Se pierde alguna vez la dignidad?

Por supuesto, desarrollar una auténtica compasión, sabiduría y dignidad es un proceso. Cometemos muchos errores por el camino. Es comprensible y natural. Nuestros hábitos son de larga data y obstinados, y por ello lleva tiempo reducirlos y eventualmente eliminarlos. Cuando cometemos un error especialmente terrible, algo que tememos que haya causado daño a otra persona, nos recriminamos a nosotros mismos por ello de tal manera que puede acabar impidiéndonos sentir libertad interior y vivir con dignidad. Es un sentimiento de desdicha que nos atrapa como en una pesadilla que no se va.

Hace unos años, un estudiante me contó un lamentable error que había cometido años atrás. Incapaz de perdonarse a sí mismo, se sentía atormentado desde entonces. Me contó la siguiente historia:

Un buen amigo mío del instituto no podía admitir que era gay. El mundo era bastante conservador en aquella época, y mucha gente creía que ser gay era una enfermedad. Seguimos en contacto después de la graduación, aunque con poca frecuencia. Un día, alguien me dijo que mi amigo había pasado recientemente por una terapia de choque. Poco después, recibí una carta suya en la que me decía que se había casado. Le respondí para felicitarle y desearle felicidad. Pasaron unos meses sin saber nada de él, así que volví a escribirle. En esta carta, le contaba mi feliz experiencia de escuchar la ópera *La Traviata* de Verdi en mi trayecto de dos horas a casa tras un día de largas reuniones con mis taimados colegas en busca de poder. Más tarde me di cuenta de que todo lo que había escrito era sobre mí mismo: sobre mi felicidad, sobre mi amargura, sobre mis juicios. Estaba tan llena de mí mismo. No pregunté por mi amigo ni por su matrimonio.

Es encomiable que este estudiante reconociera y admitiera su egocentrismo en aquella ocasión. Pero luego confesó su gran error:

> Esta vez recibí una carta en respuesta. Era de su mujer. Me informaba de que mi amigo se había suicidado. Aunque no había conocido a su mujer personalmente, a través de su carta supe que era cariñosa y amable. No sé qué me pasó. Mi siguiente paso fue imperdonable. Le contesté diciendo que me había sorprendido mucho que se hubiera casado con una mujer.

Continuando, el estudiante dijo, con lágrimas en los ojos, que más tarde pensó para sí mismo: «¡¿Qué he hecho?! ¿Por qué actué con tan poca amabilidad?». Luego me dijo: «Después de darme cuenta de lo que había hecho, me sentí despreciable. Había perdido todo respeto por mí mismo. Había perdido mi dignidad».

Durante muchos años, el estudiante se identificó con sus faltas y no pudo perdonarse a sí mismo. En este sentido, perdió su dignidad porque perdió el contacto con su budeidad. Si hubiera reconocido que su error era un error del ego, que no es quien realmente es, entonces podría haberse enmendado a tiempo. En cambio, su profundo arrepentimiento le hizo vivir en la confusión y el dolor, impidiéndole avanzar.

Nuestra capacidad de cambio proviene del reconocimiento de la pureza fundamental de nuestra naturaleza. Cuando perdemos el contacto con esa naturaleza, puede parecer que la gravedad de nuestras acciones es irreversible y que no hay posibilidad de cambio. En la mente de este estudiante, estaba atrapado en sus errores del pasado y no podía vivir con dignidad.

Debemos recordar que cuando sentimos que «perdemos la dignidad», en realidad nunca la perdemos. La dignidad, u orgullo vajra, es una cualidad inherente a nuestra naturaleza fundamental. Siempre está presente. Lo que hemos perdido es el contacto con nuestra dignidad. El arrepentimiento, la vergüenza y la tristeza que acechan en los bordes de nuestras vidas pueden nublar nuestra dignidad temporalmente. Pero solo temporalmente. La tradición budista tibetana identifica una serie de técnicas para purificar nuestros errores pasados.

Como estas técnicas son tan poderosas, a menudo se las conoce como los «cuatro poderes». Estos cuatro poderes nos permiten enmendar nuestros errores y restablecer nuestra relación con nosotros mismos. Rompemos la identificación con nuestros errores y resolvemos no volver a cometerlos.

Cuatro poderes curativos

Los cuatro poderes para purificar nuestros errores son los poderes de (1) el remordimiento, (2) el apoyo, (3) el compromiso y (4) el antídoto. Cada uno de estos poderes es esencial en el proceso de recuperar el contacto con nuestra dignidad.

El poder del remordimiento

El primero y más importante es el poder del remordimiento, ilustrado en la tradición budista por la historia de Angulimala. De joven, Angulimala fue engañado por sus envidiosos compañeros de clase y, como resultado, emprendió la misión de matar a mil personas. Tras matar a novecientas noventa y nueve, empezó a tener dudas. Entonces se encontró con el Buda, que le guio para que utilizara su sincero remordimiento como base para la purificación y la transformación.

La historia de Angulimala se convirtió en un ejemplo de cómo cualquiera, incluso en las circunstancias más extremas, puede encontrar la redención renunciando a lo malsano y transformando el arrepentimiento en compasión y sabiduría. Curiosamente, la capellanía budista de prisiones del Reino Unido se llama «Angulimala, the Buddhist Prison Chaplaincy». Esta organización utiliza la historia de Angulimala para inspirar a los reclusos, mostrándoles que el cambio y la iluminación siempre son posibles, independientemente de la gravedad de las acciones negativas del pasado.

Sin un auténtico remordimiento, no podemos transformar nuestras acciones negativas en positivas. Primero debemos reconocer nuestras acciones, reconocer el daño que han causado y sentirlo de verdad. Generalmente, cometemos acciones negativas sin pensar en sus consecuencias, y luego el ego hace todo lo posible para mantenerlas ocultas. Sin embargo, cuando sentimos verdadero remordimiento, hemos superado nuestra ignorancia y aceptado plenamente la responsabilidad de nuestro error. Puede que al principio duela, pero es la única forma de que el cambio sea realmente posible.

Al escribir la carta a la viuda de su amigo, el estudiante no reconoció inicialmente el daño que estaba creando. Pero como era una persona de buen corazón, más tarde lo hizo. Cuando se dio cuenta de lo que había hecho, sintió un tremendo remordimiento. A diferencia de Angulimala, el Buda no estaba allí para guiarle en el proceso de trabajar con su remordimiento. No sabía que podía utilizar su remordimiento para enmendar su acción negativa, perdonarse a sí mismo y transformar su mente. Y no sabía que el problema era que su remordimiento estaba mezclado con sentimientos de culpa y vergüenza.

Quizá te sorprenda que la primera vez que oí la palabra *culpa*, no la entendí. No existe tal palabra o concepto en la lengua tibetana. Intrigado, pedí a mis estudiantes estadounidenses que me la explicaran. Me dijeron que la culpa es un sentimiento de que hay algo fundamentalmente malo en ti. Me quedé de piedra. Debido a la culpa, la gente se siente avergonzada no solo por sus errores, sino aún más por su propia existencia. Piensan: «Soy una persona terrible. Soy indigno». En ese momento han perdido todo contacto con la dignidad. No ven ninguna posibilidad de cambiar sus acciones futuras porque creen que son intrínsecamente malos. No hay esperanza. Esta forma de pensar puede conducir fácilmente al odio hacia uno mismo o a la depresión.

Desde la perspectiva budista, machacarnos con la culpa solo sirve para cosificar el ego. De este modo, la culpa es una forma de egocentrismo. Creer que somos fundamentalmente culpables y defectuosos ignora el hecho de que nuestra naturaleza es pura. Un buen corazón puede cometer errores y, con la comprensión adecuada, puede purificarlos. Lejos de elevarnos, la culpa nos paraliza y nos impide aceptarnos como realmente somos. Con la culpa somos incapaces de hacer una valoración realista de nuestra situación, y podemos acabar siendo incapaces de hacer una valoración realista de nuestra situación, y podemos encontrarnos congelados por el autodesprecio.

En cambio, el auténtico remordimiento, que no está enredado con la culpa y la vergüenza, tiene la cualidad de purificar. El remordimiento significa que reconoces que algo que has hecho es un error, ves el sufrimiento que ha surgido a causa de tu error y te comprometes a no repetirlo jamás.

A veces, los términos «remordimiento» y «arrepentimiento» se utilizan indistintamente, pero tienen significados ligeramente distintos. Tendemos a arrepentirnos de una acción que limita nuestro potencial personal, como abandonar los estudios. Pero no sentimos remordimiento por haber abandonado los estudios. Y aunque también podemos lamentar haber causado daño a otra persona, el remordimiento es diferente. El remordimiento surge de un sentido de responsabilidad personal y de hacer balance de uno mismo. Si solo nos «arrepentimos» de haberle dicho algo malo a alguien, es posible que aún no sintamos remordimientos. Si sentimos remordimiento, estamos realmente preocupados por el impacto negativo que nuestras palabras y acciones han tenido en los demás. Nos sentimos mal y queremos rectificar la situación. El remordimiento, cuando es auténtico, inspira la determinación de corregir nuestros errores y no volver a repetirlos en el futuro. Así es como volvemos a conectar con nuestra dignidad fundamental.

El poder del apoyo

El segundo poder es el poder del apoyo. Hay una práctica muy conocida en el budismo tibetano en la que confesamos nuestros errores y los purificamos. Se llama práctica de Vajrasattva. Vajrasattva es un buda cariñoso, atento y digno de confianza al que dirigimos nuestra confesión. Su amor, compasión y ausencia de juicio nos apoyan en nuestros esfuerzos por purificar nuestros errores, ya sean intencionados o no. Esta práctica requiere la guía de un auténtico maestro, pero la idea que la sustenta es universal. Por lo tanto, no creas que necesitas ser budista o religioso para aplicar el poder del apoyo.

El poder del apoyo tiene aspectos internos y externos, y necesitamos ambos cuando nos enfrentamos al reto de afrontar nuestros propios errores. El poder exterior de apoyo es alguien que da testimonio de lo que hemos hecho, alguien con una visión objetiva de la situación. Debe ser alguien en quien confiemos para que nos vea, nos escuche y nos comprenda. Aunque los budistas pueden confiar en la presencia sentida de Vajrasattva, podemos encontrar apoyo en un amigo noble, con la compasión y la sabiduría necesarias para ayudarnos a reconectar con nuestra dignidad intrínseca. El poder interior del apoyo consiste en conectar con nuestra bodhicitta, nuestro corazón despierto. Trabajar con nuestra mente para desarrollar una compasión inconmensurable debilita y disipa el sufrimiento de la soledad y nos da una enorme perspectiva. Llegamos a reconocer que no nos definen nuestros errores, y vemos claramente de qué modo enfrentarlos.

El estudiante sintió remordimientos tras darse cuenta de lo que había hecho. No se lo contó a nadie durante mucho tiempo y fue incapaz de encontrar la forma de aliviar su sufrimiento. Los poderes externos e internos de apoyo, cuando se combinan, nos proporcionan la claridad necesaria para ver y abordar las situaciones de nuestra vida. Esto es muy sanador, física, psicológica y emocionalmente.

El poder del Antídoto

El tercer poder es el poder del antídoto, es decir, emplear métodos hábiles para contrarrestar las consecuencias de nuestros errores y enmendarlos. Esto incluye pedir perdón. En general, el antídoto contra la acción no virtuosa es la acción virtuosa. Por ejemplo, quien ha hecho daño a sus seres queridos mintiéndoles puede hablar deliberadamente de su engaño de forma abierta y honesta. Alguien que ha causado daño conduciendo bajo los efectos del alcohol podría implicarse en una labor educativa que ayude a evitar que otros cometan el mismo error. Cuando reconocemos que nuestra falta de compasión ha causado sufrimiento a otros, nos comprometemos a hacer lo contrario: cultivar el amor y la compasión en su beneficio.

Lo hacemos de una forma que tiene el efecto de contrarrestar nuestras acciones negativas. Este es el poder del antídoto.

El poder del compromiso

El cuarto poder es el poder del compromiso. Llegados a este punto, hemos sentido remordimiento por nuestra acción negativa y hemos buscado apoyo para obtener claridad y volver a conectar con nuestra dignidad fundamental. También hemos aplicado el poder del antídoto para contrarrestar nuestra acción negativa. El siguiente paso es jurar no volver a realizar esa acción dañina.

Por supuesto, nuestros errores suelen deberse a hábitos muy arraigados, y en cierto modo nos damos cuenta de ello. Así que podemos pensar: «Pero ¿y si no puedo mantener este voto? Tengo miedo de fracasar. No creo que pueda prometerlo». Esta es una forma común de pensar, pero este tipo de vacilación garantiza que permanezcamos atascados en nuestro patrón negativo. Prometer no realizar una acción dañina en el futuro establece una intención positiva y saludable, que en sí misma es curativa. Si el patrón negativo es profundo, es posible que fallemos en el futuro, pero también seremos más rápidos en reconocer, aceptar y purificar nuestro error. A medida que repitamos este proceso, el patrón se irá debilitando, hasta que deje de tener poder sobre nosotros. Tal es el poder de los «cuatro poderes».

Aunque he descrito los cuatro poderes secuencialmente, todos ellos se apoyan mutuamente. Sin embargo, la curación solo puede comenzar cuando sentimos remordimiento. De hecho, cuando el remordimiento es auténtico y profundo, engendra los otros tres poderes. Por ejemplo, en el remordimiento damos testimonio de lo que hemos hecho y de la bondad de un corazón que siente como el nuestro. De este modo, el remordimiento proporciona su propio poder de apoyo. El remordimiento es en parte su propio antídoto, en la medida en que los fuertes sentimientos que tenemos sirven para contrarrestar lo que hemos hecho. Y el auténtico remordimiento siempre nos motiva a abstenernos de realizar la acción negativa nuevamente, lo que hace efectivo el poder del compromiso. Sin embargo, a nivel práctico, necesitamos que los cuatro poderes desempeñen sus funciones de apoyo mutuo en nuestra curación y transformación.

Sea cual sea la forma en que trabajemos con estos poderes, el ingrediente que los hace posible es nuestra dignidad interior. Podemos perder el contacto con nuestra dignidad, pero siempre está ahí. Nuestra mente es fundamentalmente pura, sana y positiva. Los errores y las acciones negativas son impermanentes; solo estamos perdidos temporalmente. Aplicando los cuatro poderes, sanamos nuestras penas, reducimos nuestros patrones negativos y nos realineamos con nuestra dignidad. Te animo a que apliques estos poderes a cualquiera de tus propios errores pasados que puedan atormentarte. Todos cometemos errores y siempre podemos transformarlos.

Determinación

Solo cuando lleguemos a conocer la dignidad como nuestra naturaleza básica podremos desprendernos de la duda, la incertidumbre y la inseguridad. Solo entonces podremos desarrollar la determinación necesaria para transformarnos y cambiar el mundo. Solemos estar sumergidos en los errores que hemos cometido y distraídos por pensamientos fuertes y negativos. Es importante aprender a poner fin a nuestras dudas y emociones negativas. Sin esa cesación, continuamos dando vueltas cíclicamente, movidos por el hábito de condenarnos y sentir que hay algo malo en nosotros.

La determinación se refiere a no tener dudas ni arrepentimientos y estar dispuestos a cambiar. A menudo no confiamos en nosotros mismos, y por eso hacemos las cosas con un pie dentro y otro fuera, a medias. ¿Por qué no nos comprometemos plenamente? Normalmente, nos aterroriza ser criticados. Incluso si podemos ver nuestros propios defectos, cuando otra persona nos critica, nos volvemos débiles e inseguros. Perdemos el contacto con nuestra dignidad. ¿Es posible escuchar las críticas sin apegarse a ellas? Tal vez haya algo en lo que dice nuestro crítico que necesitamos cambiar, o tal vez no estemos siendo percibidos correctamente. En cualquier caso, no hay ningún problema, sino una oportunidad para conocernos mejor. Adoptar esta actitud requiere una voluntad y un compromiso básicos para mejorar y cambiar. Entonces podremos aceptar y asumir la responsabilidad de nuestros defectos o errores sin tomarnos las críticas de los demás como algo demasiado personal. En este sentido, la determinación conlleva aceptación:

aceptar quiénes somos, quiénes son los demás y cómo es el mundo. Y aceptar que cometeremos errores, y hacemos todo lo posible por corregirlos.

«Aceptar lo que somos» suena a tópico, y puede que a primera vista lo sea. Pero su significado profundo no lo es. Es un error común pensar que aceptar lo que somos equivale a aceptar nuestros hábitos. No es eso lo que quiero decir. Nuestros hábitos son buenos y malos, y cambian constantemente. Si pensamos que somos nuestros hábitos, el suelo siempre se mueve debajo de nosotros.

Tener un buen corazón y comprender la vacuidad no resolverán por sí solos nuestros problemas: debemos tener confianza en nuestra naturaleza. La confianza en nuestra naturaleza es la verdadera confianza en lo que somos. Cuando conocemos nuestra naturaleza, los errores no nos molestan de la misma manera. Cometemos errores, los confesamos y cambiamos. Esto es algo muy sencillo y saludable. No hay culpa ni autorrecriminación. Cuando llegamos a este punto, todo gira en torno a ser decididos. Existe la creencia común de que las personas se vuelven más sabias a medida que envejecen. Pero eso no está garantizado. Si no hacemos el esfuerzo por cambiar, si no estamos determinados por cambiar, no creo que podamos ser sabios, tengamos la edad que tengamos.

Para ser resolutivos, debemos animarnos y saber qué hay que mejorar. Debes conocer tus puntos vulnerables. Observa, sin juzgar. Céntrate en la naturaleza, no en los hábitos. Persigue la felicidad compasiva, no la egoísta. Lo más importante es que la mente sea estable y no se distraiga. Cuando no está distraída, la mente está clara y en calma. Con la determinación como base, desarrollamos de forma natural una presencia estable e inspiradora.

Ser decidido no es una idea religiosa, sino que está relacionada con nuestra condición humana. Es una cualidad importante para funcionar en la vida. Las personas que toman decisiones claras con el objetivo de beneficiar y no perjudicar a los demás tienen una presencia elegante y firme. Esta presencia es un signo de buen liderazgo. Se conoce como *ziji* en tibetano. *Zi* significa «brillo». *Ji* indica «magnificencia». El brillo magnífico de ziji es la expresión de la elegante riqueza que surge cuando tenemos confianza sin agresividad. Es el resultado de ser decididos, de confiar en nosotros mismos y en el mundo.

Cuando ganamos confianza y certeza en nosotros mismos, no podemos evitar querer hacer algo beneficioso para el mundo. El mundo ya no órbita alrededor del ego. El ego es un actor, siempre en el teatro. Cuando descubrimos nuestra dignidad innata, ya no necesitamos actuar. Solo necesitamos ser quienes realmente somos: compasivos, bondadosos y dignos.

FORMACIÓN EN LA DIGNIDAD

Conciencia abierta

Comienza sentándote en una posición cómoda, con la postura recta y los ojos ligeramente abiertos.

Haz que tu mente sea tan vasta como el cielo. Cuando surja un pensamiento o un sentimiento, como la preocupación, la ira o el juicio, obsérvalo como si fuera un pajarito en el vasto cielo. No lo sigas. No le prestes atención. Simplemente, sé consciente de que el pajarito ha volado dentro del espacio de la mente, y que volará fuera del espacio de la mente.

Sin concentrarte en nada, descansa en la gran amplitud de la mente con plena conciencia. Eres inseparable de la claridad y la amplitud de la mente. Los pensamientos y los sentimientos, esos pequeños pájaros, van y vienen, pero no pueden afectarte. Vienen, se van, y la mente permanece en un estado de apertura: serena, relajada, sin distracciones y consciente.

Descansa y déjate llevar por ese estado.

Apoyo inspirador

Simplemente, observa tu conciencia en este momento presente, tal como es. No puede ser estropeada por el ir y venir de pensamientos y recuerdos, ni corrompida por pensamientos ordinarios de lo bueno y lo malo. Hay algo aquí que es a la vez vívido, pero carente de pensamientos; carente de pensamientos, pero vívido.

EL TERCER DZOGCHEN RIMPOCHÉ[37]

12. Vivir y morir dignamente

> Morimos y no morimos.
>
> SHUNRYU ZUZUKI[38]

A lo largo de los años, me han preguntado con frecuencia: «Rimpoché, ¿cómo puedo morir dignamente?». Suelo dar una respuesta sencilla: «Para morir con dignidad, debemos vivir con dignidad». La manera en la que morimos tiene todo que ver con el modo en el que vivimos. Por eso, al enseñarnos a vivir con dignidad, este libro también nos enseña a morir con dignidad. Pero ahora debemos considerar el tema de la muerte desde el otro lado. Pensar en la muerte tiene un poderoso efecto en nuestra forma de vivir. En otras palabras, contemplar la muerte nos ayuda a cultivar la dignidad.

Comprendo que estas palabras puedan resultar inquietantes. El tema de la muerte es tabú en muchas culturas, sobre todo en Occidente. Aunque la muerte es una parte natural de la vida, muchos nos resistimos a pensar en ella. Por supuesto, intelectualmente sabemos que, una vez nacidos, moriremos sin duda, pero es difícil dejar que esta realidad se hunda en nuestros corazones. La incertidumbre sobre cuándo y cómo moriremos nos asusta. Y lo que es peor, no tener ni idea de lo que ocurrirá después de la muerte es una aterradora incógnita. Algunas personas están tan atormentadas por la idea de la muerte que se olvidan de vivir, y otras están tan preocupadas por vivir que se olvidan de que van a morir. En cualquier caso, sin una consideración sana y equilibrada de la muerte, es difícil vivir una vida con sentido.

¿Qué es la muerte?

Normalmente, asociamos la muerte con el momento en que nuestro cuerpo físico deja de funcionar. Pero la muerte es mucho más que eso. Desde una perspectiva budista, la muerte ocurre en todo momento, al igual que el nacimiento. Por ejemplo, las células de nuestro cuerpo mueren constantemente mientras nacen otras nuevas. Cada respiración debe terminar para que pueda comenzar una nueva. Los pensamientos y las emociones surgen y cesan constantemente. El ayer muere y el hoy nace. En cada momento de cada día, experimentamos la muerte de forma continua y constante, pero rara vez somos conscientes de ello. Por eso, de vez en cuando, es útil reflexionar sobre la presencia omnipresente y el papel necesario de la muerte en nuestras vidas.

El acontecimiento que convencionalmente designamos como muerte, cuando nuestro corazón deja de latir y nuestros pulmones dejan de respirar, es tan inevitable como impredecible. Si nuestro cuerpo no muere prematuramente, acaba envejeciendo, sucumbiendo a la enfermedad y dejando de funcionar. Desde el punto de vista budista, cuando el cuerpo físico acaba expirando, la mente no lo hace. La mente continúa. En este contexto, la palabra *vida* significa que tanto nuestro cuerpo como nuestra mente están vivos, mientras que la palabra «muerte» significa que el cuerpo físico ha dejado de funcionar mientras que la mente continúa.

Cuando nuestro cuerpo físico expira, nos encontramos separados de todo lo que hemos apreciado en nuestras vidas, incluida la familia, los amigos, la riqueza y las posesiones. Por lo tanto, todo lo que valoramos y atesoramos de la vida, incluido todo lo que hemos adquirido, es para nosotros tan impermanente como nuestro cuerpo. Llegamos al mundo con las manos vacías y salimos de él con las manos vacías. Pero, de nuevo, la mente o la conciencia no muere, sino que continúa. Esta perspectiva más amplia nos da una forma diferente de pensar sobre la muerte. Considera la muerte como una simple transición de la conciencia. Y resulta que esta transición es una oportunidad preciosa para la transformación.

Para quienes creen que la muerte termina en el olvido, el proceso de morir es horrible y debe evitarse a toda costa. El Buda enseñó que nuestra naturaleza básica continúa después de la muerte, junto con los patrones habituales de nuestra conciencia. Por lo tanto, una vez finalizada nuestra vida actual, seguiremos experimentando innumerables estados de existencia, uno tras otro. En este sentido, es una ilusión que la muerte sea el final de la vida. Esta es la razón por la que el budismo hace hincapié en la importancia de entrenar la mente. Todas las buenas cualidades que cultivamos en esta vida –serenidad, libertad frente al aferramiento, bondad amorosa, compasión y sabiduría– continuarán en nuestra mente mucho después de que desaparezca nuestro cuerpo físico actual. Tenemos la oportunidad y los medios para desarrollar estas cualidades en esta vida; ¡debemos valorar esta vida y no desperdiciarla!

El verdadero significado de morir con dignidad en el budismo

Cuando nos estamos muriendo, nuestro cuerpo físico se debilita y nuestros sentidos empiezan a fallar. Al final, nuestros ojos no ven y nuestros oídos no oyen. ¿Qué nos ayudará cuando llegue ese momento? Es importante que reflexionemos ahora, mientras podamos. En el momento de morir, los conocimientos que hemos adquirido en vida no nos servirán de nada. Los libros que hemos leído no vendrán en nuestra ayuda. Las posesiones y riquezas que hemos adquirido no tendrán ningún valor. Poco podrán hacer por nosotros nuestros amigos y familiares. Lo único en lo que podemos confiar es en nuestra propia mente.

Por eso es muy importante familiarizarnos con nuestra mente y su naturaleza innata, profundizando nuestra conexión con lo que realmente somos. Esta es la esencia de vivir con dignidad. Nos entrenamos para vivir con dignidad, cultivando las cualidades de decisión, confianza y desapego. Durante el proceso de la muerte, llevamos estas cualidades con nosotros. Este es el verdadero significado de morir con dignidad.

Debo distinguir entre lo que enseñó el Buda sobre morir con dignidad y la premisa que subyace al acta de «Muerte digna», un proyecto de ley aprobado en Oregón en 1997 para legalizar el suicidio asistido por médicos. En el contexto de la ley de «Muerte digna», el propio proceso de morir se considera una indignidad del que podemos elegir liberarnos mediante el suicidio. La perspectiva budista es que el proceso de morir –aunque puede ser muy difícil– es una oportunidad para fortalecer nuestra dignidad. La vida es preciosa, y el cuerpo humano también; por lo tanto, debemos hacer todo lo posible por no morir. Si solo medidas médicas heroicas y poco prácticas nos mantienen con vida sin esperanza de recuperación o de una vida con sentido, entonces podemos plantearnos interrumpir el tratamiento y morir de muerte natural. Pero se nos aconseja que nunca nos quitemos la vida activamente. Cuando hemos agotado todos los remedios prácticos para seguir viviendo, nos preparamos para morir sin remordimientos ni temores, y posiblemente para morir incluso con alegría. Esto es morir con dignidad.

Los que creen que la muerte es una mera transición de la conciencia tienden a estar menos apegados a sus cuerpos, familias y posesiones. Consideran que la muerte forma parte de la vida: todo lo que surge acaba pasando. Reconocen lo crucial que es el momento de la muerte. En el momento de morir tenemos una última oportunidad de cambiar nuestra identidad, yendo del yo a la naturaleza búdica. Si tenemos éxito, existe la posibilidad real de alcanzar la iluminación. Con esta aspiración, nuestra muerte final se convierte en una oportunidad preciosa y no en algo que temer y evitar. La perspectiva de alcanzar la iluminación en el momento de morir está estrechamente vinculada con haber cultivado la dignidad durante la vida.

¿Qué significa la iluminación? La iluminación significa que hemos actualizado nuestra budeidad, lo que también significa que hemos actualizado nuestra dignidad. La iluminación significa que hemos superado nuestro sentido básico de alienación para ser simplemente quienes siempre hemos sido. Iluminación significa ser cien por cien bondadoso y puro, sin ninguna agenda nacida de la proyección. Iluminación significa tener completa certeza y confianza sin la más mínima posibilidad de vacilación, duda o ansiedad. Desde la perspectiva budista, dado que nuestros momentos finales encierran un gran potencial para la iluminación, prepararse para el final de la vida no es, estrictamente hablando, prepararse para la muerte, sino para la iluminación.

Ejemplos inspiradores

Hay muchos casos de personas que han muerto con dignidad y sin miedo. He sido testigo directo de algunos de ellos y he oído numerosas historias de otros. Mi abuela es un ejemplo. Murió de un cáncer de páncreas, que, según me contaron, es muy doloroso. Pero mi abuela siempre desprendió emociones positivas y nunca dio muestras de dolor o sufrimiento.

Otro buen ejemplo es Khandro Lhamo, la esposa de Dilgo Khyentse Rimpoché, uno de los maestros budistas tibetanos más destacados del siglo xx. Khandro Lhamo era una consumada doctora en medicina tibetana y una extraordinaria practicante. Aun así, era muy humilde. Durante sus últimos años, antes de morir, regaló la mayoría de sus escasas pertenencias personales a lamas con los que mantenía una estrecha relación. Entre ellas había pequeños pendientes de diamantes, anillos y otros objetos. También donó todo el dinero que había reunido en vida para reconstruir el monasterio de Shechen, en Tíbet. Estas acciones formaban parte de su preparación para la muerte.

Justo antes de que Khandro Lhamo falleciera, los médicos entraron en pánico. Pero de Khandro Lhamo se podían esperar muchas cosas, menos que cayera presa del pánico. Le acompañaba Rabjam Rimpoché, su nieto. Rabjam Rimpoché recordó cómo Khandro Lhamo le miró y le dijo con gran alegría: «Ahora me muero, ¿no es así?». Le pareció de lo más gracioso. «Ja, ja, ja», se rio. «Me estoy muriendo, ¿verdad?». Estaba muy contenta y alegre.

Rabjam Rimpoché explicó que, en la tradición Dzogchen del budismo tibetano, la muerte de un practicante es como el regreso de una hija a casa de su madre. En el Tíbet, cuando una hija se casa, se traslada de la casa de su madre a la casa de su marido. Hay mucha alegría cuando la hija por fin puede volver a casa de su madre. Parece que eso fue lo que le ocurrió a Khandro Lhamo: la alegría que expresó al morir fue como la de volver a casa de su madre.

Tras su fallecimiento, el cuerpo de Khandro Lhamo permaneció caliente durante tres días. En la tradición budista tibetana, esto significa que, aunque su cuerpo había dejado de funcionar, su mente permaneció en un estado meditativo llamado *tukdam*. Permanecer así en meditación después de que el cuerpo esté clínicamente muerto es señal de un practicante altamente realizado.

Khandro Lhamo indicó claramente sus deseos y se preparó

a fondo para su muerte. La forma en que murió demostró cómo había vivido, abordando la muerte con humor y alegría, en lugar de con pesar y miedo. La calidad de su mente hizo posible que muriera con dignidad… ¡Y riendo!

La historia de Martin

Aunque no es raro que los practicantes budistas avanzados mueran con dignidad, también es posible que cualquier persona tenga una muerte digna. Martin era un estudiante al que diagnosticaron esclerosis lateral amiotrófica (ELA), una enfermedad debilitante y rápidamente degenerativa. El primer síntoma fue una sensación extraña en la lengua. A partir de entonces, su habla, su alimentación y su forma de beber fueron dificultándose. Tres meses después del diagnóstico, perdió la capacidad de hablar. Seis meses después, estaba conectado a una sonda de alimentación. La ELA es una enfermedad mortal que no tiene cura. La muerte parecía acercarse rápidamente. Tras el diagnóstico, Martin empezó a escribir un blog llamado «Mi aventura con la ELA», en el que documentaba la progresión de su enfermedad neurodegenerativa. «Siempre me han gustado las aventuras», dijo.

Martin y yo nos conocimos en Katmandú, donde él había venido a hacer senderismo por el Himalaya. Luego se convirtió en un asistente habitual al retiro anual de verano que imparto en el norte del estado de Nueva York. Después de enfermar, siguió viniendo al retiro, incluso cuando ya no podía hablar ni comer con normalidad.

En un día inusualmente caluroso, los participantes en el retiro se reunieron para tomar un helado. Uno de ellos vio pasar a Martin y le gritó: «Martin, ven con nosotros. Vamos a tomar un helado». Se había olvidado de que la enfermedad de Martin había progresado hasta el punto de que no podía tomar nada por la boca. Martin vino a unirse al grupo de todos modos. A pesar de su estado, estaba tranquilo, siempre elegante, y nunca mostró ningún signo de tristeza o desesperación. Saboreaba cada momento que le quedaba de vida.

Como no podía hablar, Martin tenía que hacer las preguntas por escrito, lo que le animaba a hacer menos preguntas. Pero en su silencio, Martin llegó a darse cuenta de que la mayoría de las interminables preguntas con las que nos distraemos son irrelevantes para lo que realmente importa. Olvidamos que debemos responder a nuestras propias preguntas a través de nuestra experiencia en la meditación.

Cuando sus amigos le preguntaron cómo había afectado su enfermedad a su práctica meditativa, Martin respondió lo siguiente:

> Me siento aún más bendecido por estar vivo. Sin mi cuerpo humano, no podría practicar en absoluto. Y mi mente ya no puede fingir que mi cuerpo nunca morirá. De ordinario, rara vez sentimos que cada momento es precioso porque solo sabemos intelectualmente que moriremos.

Cuando Martin supo que se estaba muriendo, se despidió de un grupo de amigos íntimos por correo electrónico. También les puso en contacto con su cariñosa esposa y los informó de los planes para el entierro y el funeral. En su última entrada escribió:

He hecho todo lo que se me ha ocurrido que aún puedo hacer. Poco puedo aprender si sigo viviendo así, y me convertiré en una carga física cada vez mayor para mi amada compañera. Por lo tanto, no comeré ni beberé más. He sido bendecido de muchas maneras. Ahora estoy emocionado por ver qué viene después.

Durante el proceso de la muerte, Martin siguió practicando con diligencia hasta que su cuerpo físico llegó al final. Utilizando como camino su enfermedad, que avanzaba rápidamente, Martin se preparó para la muerte con dignidad. Afrontó su enfermedad y el proceso de la muerte con total aceptación y valentía. Murió sin miedo. Antes de morir, se ocupó de sus responsabilidades mundanas lo mejor que pudo, e, incluso estando físicamente incapacitado, consiguió tocar muchas vidas a través de su blog. Como regalo de despedida al mundo, Martin aconsejó a su hijo que mantuviera su blog para que siguiera siendo útil a los demás.[39]

Al final, no quedó nada sin hacer. El cuerpo físico de Martin había seguido su curso. Con calma y sin remordimientos, abandonó esta vida. La forma en que Martin se preparó para la muerte ofreció a quienes fueron testigos de ella una vívida demostración de cómo morir con dignidad. Morir con dignidad es posible para todos nosotros.

La sabiduría en el momento de la muerte

Una de las enseñanzas más famosas del budismo Mahayana es el *Sutra del corazón*. Este sutra ofrece la profunda visión del

Buda sobre la vacuidad de todos los fenómenos. Prácticamente, todo el mundo en Asia, sea budista o no, ha oído hablar del *Sutra del corazón*. Pero cuando pregunté a mis alumnos de Asia cómo practicar el *Sutra del corazón*, no supieron darme una respuesta. Esto me hizo pensar en otra enseñanza Mahayana llamada *El sutra de la noble sabiduría del momento de la muerte*. Esta enseñanza sencilla y hermosa es una de mis favoritas. Proporciona instrucciones claras y concisas sobre cómo entrenar la mente y prepararse para la muerte. Debido a que la enseñanza está extremadamente condensada, el lenguaje puede ser desafiante; sin embargo, ya has encontrado la mayor parte de este contenido en nuestros capítulos anteriores. No obstante, si lo que sigue te resulta difícil, puedes tomarte tu tiempo, o pasar a la siguiente sección del libro y volver más tarde. Tú decides.

El sutra de la noble sabiduría en el momento de la muerte consiste en un brevísimo intercambio entre un bodhisattva llamado Akashagarbha y el Buda.[40] Dirigiéndose al Buda (a quien llamaba Bhagavan), Akashagarbha pregunta: «Bhagavan, ¿cómo debe un bodhisattva considerar la mente en el momento de la muerte?». La respuesta del Buda consta de cinco breves versos que nos recuerdan lo que debemos recordar en el momento de la muerte. Estos puntos esenciales son: (1) la visión de la vacuidad, (2) la motivación de la bodhicitta, (3) la meditación en la vacuidad profunda, (4) la comprensión de la impermanencia y (5) el resultado o fruición que proviene de esa comprensión. Sorprendentemente, estos breves versos abarcan todo el camino para entrenar la mente. Dado que estos cinco puntos son tan importantes y fáciles de aplicar, aunque densos en su presentación, los discuto brevemente aquí.

Siendo los fenómenos puros por naturaleza,
cultiva la noción de la ausencia de existencia.[41]

El primer verso se refiere a la visión de la vacuidad. «Visión» significa una forma de ver o entender. En la visión de la vacuidad, todos los fenómenos son naturalmente puros, pero carecen de existencia inherente. ¿Qué significa esto? «Fenómeno» se refiere a todo lo que se puede nombrar. Todos los fenómenos –sean estos, montañas o pensamientos, coches o emociones, las imágenes en una pantalla o en nuestra cabeza– no los crea nadie más que la mente que las percibe. Aunque podríamos afirmar con seguridad que nuestro bolígrafo fue creado por la fábrica de bolígrafos, si miramos más profundamente, debemos admitir que el bolígrafo solo se nos aparece porque tenemos una mente que lo percibe. Como todos los fenómenos son inseparables de la mente, se consideran naturales.

Los fenómenos se consideran «puros» porque la mente de donde surgen es en sí misma pura, como ya hemos dicho. La naturaleza de la mente es naturaleza búdica, lo que significa que es originalmente despierta. Aunque estemos temporalmente oscurecidos y confusos, nuestra naturaleza es, no obstante, pura. Del mismo modo, aunque vayamos etiquetando todo lo que surge en nuestro campo de experiencia –creando así una dualidad entre esto y aquello, sujeto y objeto, interior y exterior–, eso no significa que la naturaleza fundamental de lo que experimentamos sea menos pura.

A continuación, este verso nos dice que, dado que los fenómenos son puros por naturaleza, debemos cultivar la noción de ausencia de existencia. «Ausencia de existencia» significa que, cuando buscamos la mente, no podemos encontrarla. Aunque experimentemos tener una mente, esta no existe. Esto puede ser inicialmente un poco difícil de entender. Solo podemos comprender verdaderamente la vacuidad de la mente a través de nuestra propia experiencia directa de ella. Leer libros o hablar de nuestros sentimientos no será de mucha ayuda. Debemos ir hacia dentro y mirar directamente a nuestra propia mente. Pregúntate: «¿Quién está pensando? ¿De dónde viene este pensamiento? ¿Adónde va?». Simplemente observa la mente. En el momento en que mires, no encontrarás nada. Ese es el significado de «ausencia de existencia».

Estando todos los fenómenos impregnados de bodhicitta,
cultiva una mente de gran compasión.[42]

El segundo verso se refiere a la vasta motivación de la bodhicitta. Recordemos que esta motivación nos inspira a beneficiar a todos los seres sin excepción. En cierto modo, las ochenta y cuatro mil enseñanzas del Buda están contenidas en la bodhicitta, que es la combinación de compasión y sabiduría. La compasión se relaciona con la bodhicitta relativa –como los cuatro inconmensurables de los que hemos hablado anteriormente–, mientras que la sabiduría se relaciona con la bodhicitta absoluta, la realización de la vacuidad. Puesto que la bodhicitta combina compasión y sabiduría, la «gran compasión» que debemos cultivar se basa en la sabiduría y no en el ego; como tal, es el deseo de despertar a todos los seres a la sabiduría. Si dedicamos tiempo de nuestra ajetreada vida a cultivar la bodhicitta, nuestras demás prácticas de meditación progresarán rápidamente, incluida nuestra práctica sobre la naturaleza de la mente. Por lo tanto, es especialmente importante pensar en la bodhicitta en los momentos finales de la vida, y cultivarla con mucha antelación.

Siendo todo naturalmente luminoso,
cultiva una mente libre de puntos de referencia.[43]

El tercer verso se refiere a la meditación sobre el vacío profundo. ¿Qué significa que todo sea «naturalmente luminoso»? Como ya hemos dicho, cuando observamos nuestra mente, no encontramos nada. No hay ningún lugar del que provenga la mente, no hay ningún lugar en el que habite y no hay ningún lugar al que vaya. Pero eso no significa que nuestra mente esté en blanco. Lo que encontramos es una presencia clara. Esta presencia clara a menudo se denomina «luminosidad».

Cuando vemos más allá de nuestro estado mental ordinario, más allá de todos los pensamientos y emociones, descubrimos que la mente está vacía pero es luminosa. Al reconocer la naturaleza de la mente, hemos trascendido la dualidad de sujeto y objeto. No existe el concepto de un yo que ve ni de un objeto que es visto. La naturaleza de la mente está más allá de cualquier punto de referencia, más allá de cualquier captación, aferramiento o elaboración. Es simplemente conciencia vacía, clara y luminosa. Hemos vuelto a casa, a nuestra naturaleza genuina. Por lo tanto, la verdadera meditación es simplemente ser sin hacer nada.

Siendo todas las entidades impermanentes,
cultiva un estado mental libre de apego.[44]

El cuarto verso nos implora que comprendamos que todo es impermanente, para que liberemos nuestra mente del apego. La impermanencia no es una teoría ni una hipótesis; es una característica inherente de todos los fenómenos. Todo cambia. Nada permanece inmutable de un momento a otro. Esto es lo que significa decir que todo es impermanente.

Como hemos dicho antes, reconocemos fácilmente el hecho de la impermanencia intelectualmente, pero lo olvidamos con la misma facilidad en nuestra vida cotidiana. Cuando olvidamos la impermanencia, nos obsesionamos con las cosas, las personas, las situaciones y nuestros cuerpos, como si estos fueran a durar para siempre. Como vivimos desincronizados con la realidad de la situación, nuestro corazón se vuelve ansioso y duro. Uno de los muchos beneficios de aprender a recordar constantemente la impermanencia es que nuestro corazón se ablanda. Relajamos nuestro erróneo aferramiento a las cosas percibidas como fijas y permanentes. Aceptamos las cosas como son con más facilidad. Reconocemos que, en lugar de ser una enemiga, la impermanencia es lo que hace posible la transformación. Es la impermanencia la que hace posible la liberación. Una vez que comprendemos la impermanencia, nuestra mente no se apega a ningún individuo, objeto o idea. Entonces estamos verdaderamente libres de apegos.

> *La mente es la causa del surgimiento de la sabiduría;*
> *¡no busques al Buda en otra parte!*[45]

El quinto y último verso trata del resultado o fruto de la realización de los cuatro primeros puntos. Este fruto es la dignidad. Cuando la mente reconoce verdaderamente que todo es impermanente y que nada dura, entonces la mente se realiza. Del mismo modo, cuando la mente ve genuinamente su naturaleza, sin un punto de referencia, entonces la mente se realiza. En otras palabras, la verdadera sabiduría es la mente viéndose a sí misma como sabiduría. Esta verdadera sabiduría es la dignidad última.

El *Sutra de la noble sabiduría en el momento de la muerte* proporciona la preparación adecuada para la muerte en cinco pasos: primero, establecemos la visión, que sirve como un faro para guiarnos en la dirección correcta. A continuación, cultivamos la motivación, que nos hace conscientes de por qué actuamos. Basándonos en nuestra visión y motivación, aprendemos a meditar. A continuación, desarrollar la comprensión de la impermanencia que afloja nuestros apegos. Por último, al seguir este proceso de entrenamiento, obtenemos el resultado deseado.

Una vez, después de impartir una enseñanza sobre este sutra, un estudiante del público dijo: «El sutra se titula *Sabiduría del momento de la muerte*. ¿No deberíamos cultivar esta sabiduría durante toda nuestra vida y no solo en el momento de la muerte? Cuando estemos muriendo, puede que tengamos demasiado dolor y sufrimiento para poder contemplar estos versos». Esto es muy cierto. Según los comentarios sobre el sutra, podemos aplicar esta enseñanza tanto durante el proceso de la muerte como a lo largo de toda nuestra vida. Desde que nacemos nos acercamos a la muerte. Cada momento es una oportunidad para practicar y prepararnos para la muerte.

Contemplar estos versículos nos brinda la oportunidad de reconocer nuestra capacidad innata de transformación. Puede que sea demasiado tarde para aprender esta sabiduría si esperamos hasta la última etapa de nuestra vida. Lo único que nos ayudará en el momento de la muerte son las cualidades positivas que hayamos cultivado a lo largo de nuestra vida. Si hemos cultivado una mente pacífica, moriremos con una mente pacífica. Si hemos cultivado la dignidad, moriremos con dignidad.

Quiero recordar de nuevo que este sutra solo nos ayudará si lo estudiamos, lo contemplamos y, lo más importante, lo ponemos en práctica. Solo entonces ganaremos experiencia y nos beneficiaremos de esta enseñanza. La mera comprensión de estos versos como ideas no servirá de mucho. Pero si mantenemos estos puntos en nuestra práctica diaria, poco a poco aumentarán nuestra dignidad. Y esto nos ayudará a vivir y morir con dignidad.

El valor de contemplar la muerte

Algunas personas piensan erróneamente que la meditación es un método que solo aporta alegría y paz, o que nos hace sentir bien con nosotros mismos. Pero la meditación debe abrirnos a toda la vida, incluidos los aspectos que no siempre son agradables. No podemos negar que la vejez, la enfermedad y la muerte son procesos naturales. La muerte es una parte importante y esencial de la vida, y debemos prestarle toda nuestra atención. Evitar lo inevitable solo produce más terror y miseria.

Aunque al principio el examen de la muerte pueda resultar incómodo, si seguimos adelante con él, pronto empezaremos a notar grandes beneficios. A medida que aceptamos la realidad y la inevitabilidad de la muerte, dejamos de dar por sentada la vida, lo que nos hace sentir más despiertos y vivos. Al reconocer que nuestro tiempo es limitado y precioso, tomamos decisiones más sabias sobre cómo queremos emplearlo. Vivimos la vida con un mayor sentido de la finalidad y el significado, adoptando un conjunto consciente de prioridades. Reconocemos la importancia de cultivar el amor, la compasión, la sabiduría y la dignidad. Adquirimos la determinación de vivir una vida dignificada en beneficio propio y de los demás. En resumen, a medida que perdemos el miedo a la muerte, adquirimos un aprecio más profundo de la vida.

FORMACIÓN EN LA DIGNIDAD

Contemplar la muerte

- Siéntate cómodamente.
- Respira tranquilamente y deja que tu mente se calme.
- Cuando estés tranquilo y alerta, suelto y relajado, prosigue con las siguientes tres contemplaciones relacionadas.

Durante este proceso, atiende a tus pensamientos de manera serena. Si estos se vuelven muy pesados, si te pone ansioso o nervioso, recupera la calma y vuelve a empezar cuando estés preparado.

1. *La muerte es segura*

En primer lugar, contempla la certeza de la muerte. Todo lo que nace acaba muriendo. Esto es cierto tanto para los objetos inanimados como para los seres animados. Por ejemplo, incluso las montañas se erosionan con el tiempo y dejan de existir. Contemplar la realidad de esta manera nos da una visión amplia de la impermanencia. Piensa en todas las personas y animales que han existido. Es un número inmenso. ¿Cuántos de ellos siguen vivos? Solo un pequeño porcentaje, y todos ellos habrán muerto dentro de unas pocas generaciones. Piensa en personas famosas, como tus escritores favoritos, artistas, filósofos, reyes y reinas, etcétera. Todos ellos mueren. Incluso los grandes líderes religiosos mueren. Todas las personas que conocemos que hoy están con vida morirán algún día. Y, finalmente, tú también morirás. Contempla esto como una forma de generar una experiencia viva y la convicción de que la muerte es real.

2. *El momento de la muerte es incierto*

Una vez que nos hemos convencido de la inevitabilidad de la muerte, reflexionemos sobre la incertidumbre del momento de la muerte. A menudo suponemos que la muerte está en un futuro remoto, sobre todo si somos jóvenes. Pero ¿hasta dónde llega ese futuro? Por supuesto, la muerte puede llegar dentro de décadas, pero también podría ser mañana. No hay forma de saber cuándo y cómo moriremos. Piensa en todas las posibles causas de muerte y contempla su impredictibilidad. Observa lo que surge en tu experiencia al pensar en ello.

3. *¿Qué me ayudará en el momento de la muerte?*
Sabiendo que vas a morir, y que el momento de tu muerte es incierto, pregúntate ahora: «¿Qué me ayudará en el momento de morir?». ¿Todo lo que has adquirido, todo a lo que te has apegado en la vida? Por ejemplo, piensa en cómo pasas habitualmente tus días y si esas actividades tendrán alguna importancia cuando estés muriendo. ¿Te beneficiarán tus aficiones? ¿Te beneficiarán las posesiones y riquezas que has adquirido? En resumen, ¿qué te ayudará en el momento de la muerte? Esta pregunta adquiere mayor urgencia en la medida en que tus primeras contemplaciones hayan surtido efecto (lo que puede llevar varias sesiones). También podríamos formular esta pregunta como «¿Qué me ayudará a tener una muerte digna?»

• Para concluir la práctica, abandona todo pensamiento y descansa con naturalidad.

Si no has tenido la oportunidad de enfrentarte a la realidad de la muerte, puede que te sientas ansioso al hacer este ejercicio. Es de esperar que sientas un poco de ansiedad, pero si te sientes abrumado, puede que desee esperar y volver a realizar este ejercicio en el futuro. Si quieres continuar, recuérdate amablemente que ser más consciente de la muerte es un proceso curativo. Solo podemos superar el miedo y la ansiedad ante la muerte conociéndola, nunca evitándola. Cuando llega el momento, la muerte es un umbral que debemos cruzar solos. Nadie más puede morir por nosotros. Y solo nuestra mente nos acompaña cuando morimos. Con este pensamiento, reflexiona sobre el beneficio de trabajar con tu mente y llegar a reconocer tu propia conciencia pura.

Apoyo inspirador

Nada permanece quieto; de un momento a otro todo cambia. En primavera, las semillas echan brotes; en verano, los brotes se convierten en hojas, tallos y flores; en otoño, el grano madura y se cosecha; y en invierno, la tierra se prepara de nuevo para recibir la cosecha del año siguiente. A medida que la luna crece y mengua a lo largo del día, todo experimenta un cambio incesante. Al mediodía, miles de personas cantan y bailan en una feria; al anochecer, todo está vacío y en silencio. Mientras tanto, cada uno de esos juerguistas se habrá deslizado unas horas más cerca de la muerte.

DILGO KHYENTSE RIMPOCHÉ[46]

13. Despreocupación natural

Con gran naturalidad, surge una gran meditación.
Con mediana naturalidad, surge una meditación mediana.
Con una naturalidad menor, surge una meditación menor.
EL SEGUNDO KARMAPA[47]

El propósito de la meditación es realizar y estabilizar nuestra dignidad, la cualidad esencial de nuestra naturaleza pura. Esta dignidad, u orgullo vajra, es como un diamante enterrado en lo más profundo de la tierra, y la meditación es nuestro medio para descubrirlo. Esto requiere esfuerzo. Ya sea que estudiemos y contemplemos, nos centremos en la respiración, cultivemos el amor y la compasión, o miremos directamente al pensamiento, estamos eliminando los obstáculos que impiden que nuestra dignidad se manifieste y se despliegue plenamente. Cuando este hermoso diamante aparece por fin debajo de las capas de suciedad, nos damos cuenta de que nunca ha sido realmente mancillado por lo que sea que lo haya oscurecido.

Una vez que dominamos nuestra mente, podemos reconocer directamente y con menos esfuerzo nuestra dignidad.

No necesitamos pulsar un interruptor para encenderla. Pero, mientras tanto, debemos cultivar nuestra dignidad. Este cultivo puede abordarse de dos maneras: (1) basándose en la mente y (2) basándose en la sabiduría. Cuando cultivamos la dignidad basada en la mente, intentamos comprender cómo funciona nuestra mente; cuando cultivamos la dignidad basándonos en la sabiduría, la dignidad se despliega naturalmente por sí misma, sin esfuerzo alguno. Este despliegue natural desprovisto de todo esfuerzo requiere que nuestra mente ya esté en calma, estable y abierta. Cuando mantenemos este estado, surge espontáneamente la conciencia de la budeidad. En esta etapa, la meditación y la conducta están en perfecta armonía. Nuestras interacciones cotidianas con los demás mejoran continuamente. Afrontamos las situaciones difíciles con más calma y relajación. Nos liberamos del egocentrismo y del aferramiento. Mi maestro Soktse Rimpoché describió este estado sin esfuerzo como «despreocupación natural» (*guyang lodey* en tibetano).

«Rimpoché, despreocupación natural…, despreocupación natural». Soktse Rimpoché me recordaba a menudo esta frase. Aquí, «despreocupación» significa un corazón abierto de par en par, un corazón no constreñido; no significa ser descuidado o irresponsable. Una mente «despreocupada» es vasta, espaciosa como el cielo, libre de confusión y complejidad, y totalmente tranquila, independientemente de lo que ocurra en nuestras vidas. Este concepto es muy sencillo porque describe simplemente nuestro estado natural. Este recordatorio sobre la tranquilidad sin preocupaciones es uno de los grandes pilares de mi práctica de la dignidad. Es el principio que guía tanto mi meditación como mi conducta.

Sin despreocupación, nuestra dignidad es como una cuerda atada con nudos; con despreocupación, nuestra dignidad es como una serpiente que se desenrolla naturalmente. Esto refleja lo que ocurre cuando vivimos de acuerdo con nuestra verdadera naturaleza. Con despreocupación, nuestra sabiduría y compasión son estables, basadas en la certeza decisiva de que nuestra naturaleza es pura. Esta certeza nos facilita reconocer nuestros errores y aprender de ellos. Así podemos mejorar rápidamente.

Ahora mismo, la mayor parte del tiempo no reconocemos nuestra dignidad, pero no pasa nada. Nuestra dignidad no depende de si la reconocemos o no, y no cambia dependiendo de si la aceptamos o la rechazamos. Siempre está presente y siempre es la misma. La verdadera dignidad es completamente natural, libre de todo concepto y completamente fresca tal y como es. Cuando cultivamos la despreocupación natural, podemos acceder a nuestra dignidad las veinticuatro horas al día. Permaneciendo en este estado, nos liberamos de todo el peso que llevamos encima, de todo el sufrimiento, el dolor, los proyectos, las responsabilidades y los planes. En el momento en que moramos en nuestra naturaleza, todo se libera. Este es nuestro auténtico hogar, la auténtica fuente de dignidad.

Tres maneras de cultivar la despreocupación natural

¿Cómo cultivamos la despreocupación natural y encontramos el camino de regreso a casa? Recuerda que la palabra tibetana para meditación, *gom*, significa «familiarizarse». No significa sentarse sin hacer nada. A través de la meditación, nos familiarizamos con lo que realmente somos y con la naturaleza de la realidad tal y como es. Adquirimos nuevas formas de conocer y ver, que desafían nuestros modos habituales de entender y percibir. Al familiarizarnos con nuestra mente y su naturaleza, nos alineamos de forma natural con nuestra dignidad inherente y llegamos a conocerla. Hay tres formas principales de familiarizarnos con ella: (1) aplicando antídotos, (2) «abriéndonos paso» o «cortando a través» y (3) autoliberándonos.

El primer método, la aplicación de antídotos, ya lo hemos tratado en el capítulo 5. Cuando reconozcamos nuestras emociones y empecemos a familiarizarnos con ellas, aplicaremos los antídotos específicos diseñados para transformar emociones concretas. Por ejemplo, cuando surge la ira, aplicamos el antídoto del amor bondadoso. Cuando surgen los celos, practicamos el regocijo. Este método transforma rápidamente nuestras emociones negativas, ayudándonos a reconocer y familiarizarnos con su naturaleza efímera.

Hay dos formas de practicar el segundo método, abrirse paso, con el fin de familiarizarnos con nuestra naturaleza inherente. En primer lugar, investigamos nuestra mente. Si un pensamiento o emoción está presente, nos preguntamos: ¿de dónde viene? ¿Dónde está ahora? ¿Hacia dónde se dirige? ¿Qué aspecto tiene? ¿De qué color es? Cuando hacemos estas preguntas respecto a objetos externos, esperamos obtener una respuesta; pero cuando se pregunta por los pensamientos y las emociones, no se obtiene respuesta alguna. Cuando esto ocurre, el pensamiento o la emoción se disuelven naturalmente

sin dejar rastro. De este modo, llegamos a reconocer que todos los pensamientos y emociones están vacíos de sustancia
y ubicación simple. La segunda forma de abrirse paso es más
directa. En lugar de hacer preguntas sobre un pensamiento,
lo miramos directamente. En el momento en que lo miramos,
se disuelve instantáneamente. Esta es la técnica de mirar directamente al pensamiento (*purjom*) de la que hablamos en el
capítulo 6.

La tercera forma de familiarizarnos con nuestra naturaleza
inherente se llama «autoliberación». Tal y como me enseñó mi
abuelo, esta técnica consiste simplemente en aceptar un pensamiento tal y como surge. Esto significa que ni nos aferramos al
pensamiento ni tratamos de alejarlo. Simplemente, lo dejamos
ser tal como es. Si tenemos éxito, el pensamiento simplemente
desaparece. Aplicando este método repetidamente, descubrimos que todas las cosas que surgen en nuestra mente –incluidos
los pensamientos, las emociones perturbadoras, la tristeza y la
miseria– son meras apariencias. Aparecen. Se van. Relájate y
deja que vengan y se vayan. No intentes investigarlas. No las
mires deliberadamente. Simplemente, estate tranquilo y relajado, y déjalos ir. De este modo, los pensamientos y las emociones se autoliberan.

No necesitamos practicar estos tres métodos para familiarizarnos con nuestra naturaleza inherente de forma lineal y pro-
gresiva. Son como herramientas que podemos sacar de nuestra
caja de herramientas para hacer frente a las situaciones según
sea necesario. Los meditadores principiantes a menudo experimentan las emociones perturbadoras como su mayor obstáculo.
En estas situaciones, es bueno utilizar el primer método de

aplicación del antídoto específico para la emoción concreta. Pero a medida que adquirimos más experiencia, podemos utilizar cada uno de los tres métodos según sea necesario. Cuando lo hagamos, no es necesario ver las emociones negativas de forma negativa. Por ejemplo, cuando surge la ira, en lugar de reaccionar negativamente ante ella –y crear así una emoción negativa adicional–, simplemente somos conscientes de ella, y la observamos: «Oh, la ira está aquí». De este modo, cuando investigues el pensamiento que acompaña a la ira, ese pensamiento simplemente desaparecerá. Verás que la ira nace de la mente. Puede que persista durante un tiempo, pero luego se disipará por completo. Si no la seguimos ni nos fijamos en ella, no tendrá el poder de abrumarnos ni de influir en nuestras vidas.

Estos métodos comparten los objetivos de mejorar nuestro carácter, transformar nuestra mente y reconocer la naturaleza de la mente. Aplicar antídotos contrarresta nuestras emociones negativas y reduce la tendencia al egocentrismo. Observar directamente las emociones y los pensamientos en el momento en que surgen nos permite ver su naturaleza vacía. Investigar más a fondo la mente examinando la ubicación, el color y la forma de las emociones y los pensamientos negativos permite disiparlos antes de que tengan la oportunidad de emerger por completo.

Reconocer la naturaleza vacía de un pensamiento es la puerta de entrada a la tranquilidad natural despojada de preocupaciones. Cuando un pensamiento se disuelve, es como ver una gota aislada de agua volver al océano. El infinito y vasto océano, como nuestra sabiduría no nacida, permanece inmutable. Reconocemos que los pensamientos y las emociones son apariencias fugaces que surgen de una miríada de causas y condiciones. No tienen existencia sustancial; están vacíos por naturaleza.

En el momento en que hemos dominado nuestra mente utilizando estas tres técnicas –aplicando antídotos, abriéndonos paso o cortando a través y autoliberándonos– surge plenamente la despreocupación natural. En este punto, la claridad natural de nuestra mente se ilumina por completo. Podemos distinguir instintivamente entre dignidad y orgullo, entre notar y juzgar, entre felicidad egoísta y felicidad compasiva. Nuestra práctica de meditación y nuestras actividades cotidianas están en equilibrio. Con la despreocupación natural, nuestra dignidad surge sin esfuerzo.

La actitud del gran maestro

El miedo dificulta la meditación. No es ninguna sorpresa. He aprendido que muchas personas tienen miedo de la vida, de la religión, de la muerte, de la burocracia, de sí mismas, incluso de sus experiencias meditativas. Creo que el miedo se manifiesta cuando las personas no confían en sí mismas. Su dignidad aún no es estable. Piensan que su naturaleza es impura. En estas situaciones, la única solución es recordarles una y otra vez: «Tu naturaleza es pura».

Es obvio que el miedo dificulta la meditación, pero quizá te sorprenda que la esperanza también lo haga. La esperanza y el miedo son interdependientes, como las dos caras de una misma moneda. Esperar un resultado genera el miedo a que no se produzca. Si nuestra esperanza no tiene apego, puede ser útil para mejorar nuestra práctica. Pero cuidado: es muy fácil apegarse a la esperanza, a veces sutilmente. Para liberarnos del apego al miedo y a la esperanza, necesitamos desarrollar lo que yo llamo la «actitud del gran maestro».

La actitud del gran maestro es acercarse a la meditación con la mente y el corazón abiertos, sin apegarse a la experiencia ni evaluarla. Cuando la meditación va bien y experimentamos calma o claridad, debemos recordarnos a nosotros mismos que se trata simplemente de una experiencia. No te emociones. Las experiencias son fugaces. Cuando la meditación no va bien – por ejemplo, no podemos centrarnos y estamos constantemente distraídos– debemos aplicar la misma actitud y recordarnos a nosotros mismos que se trata simplemente de una experiencia. No te deprimas. Las experiencias son fugaces.

En la meditación surgen todo tipo de experiencias, algunas agradables y otras desagradables. A menudo, no ocurre nada. Separarse de las experiencias agradables, desagradables o neutras nos libera de las expectativas y los juicios. Con la actitud del gran maestro, continuamos aplicando la instrucción y entrenando repetidamente, pero sin esperar ningún resultado. «¿Funciona mi meditación?». Esta es una pregunta que muchos estudiantes se han hecho. Paradójicamente, no esperar ningún resultado es la mejor manera de experimentar una transformación real. La verdadera transformación lleva tiempo, es un esfuerzo a largo plazo. Esperar que ocurra algo solo crea una carga en nuestra práctica de meditación. Pensar demasiado alimenta el miedo. Entonces nos encontramos atrapados en un ciclo de esperanza y miedo, cuya base es nuestra inestable dignidad.

La actitud del gran maestro es un enfoque práctico y realista de la meditación. Tensarte y sentarte como una piedra inamovible sería inútil. Relájate. Toma conciencia de lo que tu mente está haciendo o sintiendo. Si tienes los pies entumecidos por estar sentado con las piernas cruzadas, sé consciente de ello. Puedes mover las piernas para liberarlas del entumecimiento, pero hazlo mentalmente. Si te distraes, vuelve a centrarte en la meditación. Simplemente vuelve. Esta es la clave. Lo que importa es entrenar una y otra vez, sin apego a la esperanza o al miedo. Entonces, un día empezarás a ver mejoras en tu actitud y comportamiento. Tu mente se volverá flexible y adaptable a cualquier cosa que surja en la vida, por dramática que esta sea.

Muchas personas tratan la meditación como un proyecto, un objetivo más que alcanzar. Sin embargo, esta actitud orientada a fines contradice el propósito de la meditación. Debemos recordarlo siempre: *El propósito de la meditación es dominar nuestra mente, no una técnica*. Si nuestro objetivo es dominar una técnica, siempre estaremos comprobando nuestra experiencia para ver cómo lo estamos haciendo. Pero para dominar nuestra mente, dejamos ir toda expectativa, abandonando todo apego a nuestra experiencia. Esta es la actitud del gran maestro.

Escribir sobre el agua

Mi abuelo Tulku Urgyen Rimpoché era conocido por su franqueza y calidez. Acogía a todos los que le visitaban, sin excepción, incluso cuando estaba gravemente enfermo. En una ocasión, mi abuelo estaba con un estudiante cuando una anciana tibetana vino a visitarle. Caminaba con un bastón, tenía el pelo gris y la cara profundamente arrugada. Poco después llegó otra mujer tibetana. Era joven y guapa.

El estudiante le preguntó a mi abuelo: «Rimpoché, ¿ve usted a la anciana y a la joven como diferentes?».

Mi abuelo contestó: «Sí, ciertamente, veo la diferencia. Pero en mi mente es como intentar escribir mi nombre en la superficie del agua. Si intentas escribir tu nombre en el agua, desaparece, sin dejar rastro».

A veces pensamos que debemos bloquear nuestros pensamientos y emociones para que no perturben nuestra mente. En realidad, está garantizado que los pensamientos y las emociones llegarán, por mucho que nos esforcemos en bloquearlos. Así que los dejamos venir, los dejamos ser y los dejamos ir. De este modo, los pensamientos y las emociones se liberan por sí solos, como la escritura sobre el agua.

No pienses que cuando surjan los pensamientos y las emociones te anunciarán su marcha para que puedas echar un buen vistazo a la naturaleza de la mente. Debemos aprender a liberar cada pensamiento y emoción en el momento en que surgen, utilizándolos como oportunidades benditas para ver la fuente de nuestra mente perturbada y liberarnos de ella. De este modo, la limitación autoimpuesta de lo que creemos que somos se desvanece, y experimentamos más apertura y mayor claridad desde el interior.

FORMACIÓN EN LA DIGNIDAD

Déjate caer. Sé. Descansa.

Como ya hemos dicho, hay dos formas de cultivar la dignidad: con esfuerzo y sin esfuerzo. Podemos cultivar la dignidad sin esfuerzo, simplemente aprendiendo a descansar. En el budismo, descansar significa permanecer en nuestro estado puro, el estado de auténtica alegría y paz.

- Siéntate en una posición cómoda. Mira al espacio y descansa en él.
- Relaja los ojos, otras partes del cuerpo y la mente. Deja que tu mente descanse sin hacer nada, sin intentar cambiar nada. Relájate y respira con naturalidad.
- Cuando surjan pensamientos, suéltalos. Cuando surjan emociones como la ansiedad, el miedo o el malestar, suéltalas. No pienses en el pasado, el futuro o el momento presente. Olvídate del tiempo. Simplemente, abandona todo, incluso la idea de meditar.
- En el momento en que te liberes de toda actividad de pensamiento (incluso de pensar que estás meditando), en una fracción de segundo experimentarás una completa espaciosidad. Si no reconoces nada, no hay problema. Si reconoces algo en ese momento, como la claridad, déjalo también.

- No te enfades si te distraes. Simplemente, no sigas la distracción. Cualquier cosa que surja, no hay necesidad de seguirla o rechazarla. Simplemente, suéltalo y déjalo estar.

Poco a poco, verás que todo lo que experimentas es mental. Abandonar por completo toda actividad mental resulta en la experiencia de claridad vívida, frescura y espaciosidad. Esta es la naturaleza de la mente. En la naturaleza de la mente, no hay nada a lo que aferrarse, nada que buscar. Sin forzar nada, sin fabricar nada, todo es como es. *Déjate caer. Sé. Descansa.* Haz esto repetidamente, sin ninguna expectativa. Empezarás a ver que cualquier cosa que obstruya tu mente nunca podrá obstruir la naturaleza de sabiduría de la mente. Ver esto vívidamente te permite descansar verdaderamente en el estado puro de la sabiduría y la dignidad, el verdadero hogar de quién y qué eres realmente.

Meditación del gozo

Cuando tu dignidad es firme, las emociones negativas han sido abandonadas, y la mente está en reposo, en su estado natural, un sentimiento de felicidad puede surgir brevemente, misteriosa y espontáneamente. Los signos de la dicha son un corazón tranquilo, un sentimiento de alegría y satisfacción absolutas, y una inmensa felicidad. El corazón siente una satisfacción completa, como si hubiéramos logrado todo lo que teníamos que lograr en esta vida, sin dejar nada por hacer. Aunque experimentemos la dicha como algo fugaz, la realidad es que nuestra naturaleza es la dicha sin fisuras. Simplemente, no la vemos la mayor parte del tiempo.

En general, una persona gozosa es necesariamente feliz, pero una persona feliz no necesariamente es gozosa. No hay que esperar que el goce se produzca por sí solo. El gozo puede cultivarse, tanto en nuestro cuerpo, como en nuestra mente, a través de la meditación sobre el gozo. La práctica en sí es muy sencilla:

- Primero, siéntate en una postura cómoda. Respira con naturalidad para calmar el cuerpo y la mente.
- Vuelve tu mente hacia dentro y recuerda toda la riqueza de tu vida.
- A continuación, visualiza una copa en la coronilla de la cabeza llena de aceite caliente y gozoso. Imagina que el aceite desciende lentamente en línea recta desde la coronilla hasta el corazón. Tradicionalmente, el canal que va de la cabeza al corazón se denomina canal central.
- A medida que el aceite penetra en el centro del corazón y lo calienta, crea una sensación agradable y dichosa, como un néctar curativo.
- Continúa esta práctica durante cinco o diez minutos.

Esta meditación sobre el gozo puede realizarse en cualquier momento del día. Es especialmente útil para superar la ansiedad, el miedo, la soledad o el malhumor. Ayuda a transformar los pensamientos y las emociones venenosos en medicinales, gracias a su efecto purificador. El resultado es una sensación de total apertura, ligereza y armonía con el mundo, un profundo sentimiento de que la vida es rica, bella y significativa.

Apoyo inspirador

La calma y el autocontrol son signos de escucha del Dharma;
las pocas pasiones, signo de meditación;
la armonía con todos es el signo de un practicante;
tu mente en calma, el signo de un logro.

DUDJOM RIMPOCHÉ[48]

14. Continúa el viaje de regreso a casa

En cada instante, vuelve a poner tu corazón en ello.
En cada momento, recuérdatelo de nuevo.
En cada segundo, vuelve a comprobar una vez más.
Noche y día, formula nuevamente tu propósito.
Por la mañana, comprométete de nuevo.
En cada sesión de meditación, examina tu mente minuciosamente.
Nunca te apartes del Dharma, ni siquiera de manera accidental.
Continuamente, no lo olvides.

PATRUL RIMPOCHÉ[49]

Si has llegado hasta aquí, es muy probable que estés interesado en continuar tu viaje de regreso a casa. Por supuesto, no se trata del «hogar» tal como lo comprendemos en su acepción convencional, la residencia donde crecimos, o nuestro apartamento o casa actual. Este hogar es nuestra verdadera naturaleza, el lugar en el que siempre hemos estado, pero que no habíamos conocido realmente hasta ahora. Empezamos nuestra búsqueda saliendo de nosotros mismos, para darnos cuenta de que tenemos que mirar hacia dentro. Este giro de ciento ochenta grados nos posiciona para descubrir el lugar que buscamos, que ha estado aquí todo el tiempo.

A estas alturas, espero que comprendas lo valiosa que es tu dignidad como refugio. Es el verdadero hogar al que siempre puedes volver, sin importar las circunstancias que puedan surgir en tu vida. Puedes recibir un ascenso o ser despedido. Puedes estar feliz o triste, luchando o en paz. Cuando estás en casa, en tu dignidad –permaneciendo anclado en tu buen corazón, en la verdadera naturaleza de tu mente– puedes darte cuenta de lo que está ocurriendo y responder adecuadamente.

Al estudiar, contemplar y realizar los ejercicios de formación en dignidad de los capítulos anteriores es posible que hayas adquirido cierta comprensión de lo que es la dignidad. Es posible que la hayas experimentado directamente. Si es así, la forma en que te percibes a ti mismo y al mundo que te rodea puede haber empezado a cambiar, aunque todo parezca igual en la superficie. Independientemente de lo que hayas experimentado hasta ahora, continuar el viaje de vuelta a casa requiere una sincera voluntad de abrir y cultivar tu corazón. Para este proceso, necesitas valor y disciplina, combinados con un tipo particular de fuerza interior y curiosidad. Estas cualidades surgen de tu dignidad, por lo que abrazarla ya te orienta de regreso hacia tu hogar.

Antes de continuar el viaje hacia la plena realización de la dignidad, es importante reconocer que el conocimiento intelectual por sí solo no mejorará tu experiencia. No importa lo que oigas o leas, incluido el material de este libro; a menos que pongas en práctica lo que aprendas, el beneficio será limitado.

Es esencial que medites. Es la forma de adquirir experiencia directa. Esta experiencia directa profundizará en tu capacidad de comprender y asimilar lo que aprendas, lo que, a su vez, profundizará aún más tu práctica de la meditación. Así es como se progresa.

Tres niveles de experiencia meditativa

Al meditar es habitual pasar por tres niveles de experiencia. En el primer nivel, cuando eres principiante, puedes estar tan acostumbrado a vivir distraído que no reconoces que estás distraído. ¿Es una buena noticia que un principiante piense que su mente está en calma? La verdad es que no. En este caso, simplemente significa que la mente está demasiado embotada para ver las idas y venidas de los pensamientos y las emociones. Aún no has tomado conciencia de la mente. No ves el funcionamiento de tu mente, por no hablar de la naturaleza de la mente. Estás demasiado atrapado en el hábito de no ver. No pasa nada. La meditación lo corregirá.

Después de meditar regularmente durante algún tiempo, llegas al segundo nivel de la experiencia de meditación. Ahora has empezado a ver pensamientos y emociones. De hecho, ¡puede que te sientas abrumado por la cantidad que hay! ¿Es eso bueno o malo? Yo diría que es bueno. Has empezado a ser consciente de lo que realmente ocurre en tu mente. Cuando esto ocurre, tus sentidos se agudizan. Te das cuenta más claramente de lo ocupada que está tu mente. Parte de esta actividad puede ser desagradable, pero no debes desanimarte. Es una señal de que tu meditación está funcionando. Por lo tanto, en el segundo nivel de experiencia puedes ver que tu mente es caótica, pero todavía no puedes ver la naturaleza genuina de tu mente.

Pasa más tiempo. Finalmente, se alcanza el tercer nivel de la experiencia meditativa. Aunque los pensamientos siguen surgiendo en la meditación, ya no crean obstáculos ni causan distracción. Has aprendido a permanecer relajado, dejando que los pensamientos vayan y vengan, lo que da como resultado una mente tranquila y clara. Puede que incluso experimentes períodos en los que no tengas pensamiento alguno y vislumbres tu naturaleza. A medida que continúes practicando, podrás permanecer en ese estado de despreocupación durante períodos de tiempo cada vez más prolongados. Son muy buenas noticias. Ahora estás experimentando el fruto de la meditación. Este tercer nivel de experiencia te permite ver tanto tu mente como la naturaleza de tu mente.

A algunas personas les angustia no observar progresos en su práctica de meditación. Pero puede que simplemente tengan una idea equivocada de lo que es el progreso. Lo paradójico es que no ver progresos puede ser un signo de progreso. De hecho, el progreso puede ser incluso lo contrario de lo que cabría esperar. Por ejemplo, después de empezar a meditar, puede que empieces a ver conflictos internos derivados de viejos patrones habituales. Cuando tengas una visión clara de estos, puede que pienses que tu meditación no está funcionando. Pero en realidad significa que ahora eres capaz y estás dispuesto a ver con claridad lo que ocurre en tu experiencia momento a momento. Estás reconociendo aspectos de ti mismo o de tu experiencia que antes habías ignorado o suprimido. Esto es progreso. El progreso no siempre tiene que ver con la acción. El progreso puede medirse por tu capacidad de «ser, simplemente». Nada que hacer. Nada que mejorar. Sencillamente, ser. Tal cual es.

«Tal cual es» no significa «todo vale». Por ejemplo, no es una licencia para enfadarse y sentirse bien por ello. «Tal cual es» significa saber estar en un estado de no acción. Solemos actuar desde el hábito, o de un modo que refuerza el hábito. Al aprender a soltar y simplemente ser, a dejar ser «tal cual es», se trasciende toda acción habitual. Entonces nos encontramos en nuestro estado natural. Este es el propósito último de la meditación budista y el propósito del entrenamiento y la práctica de la dignidad.

Diligencia en la formación y la práctica diarias

Un estudiante me preguntó una vez: «¿Cómo puedo alcanzar el fruto de la meditación en poco tiempo?». Le respondí: «Entrégate de lleno». Por entregarse de lleno, me refiero a esforzarse plenamente en el entrenamiento y en la práctica de la dignidad, de acuerdo con las capacidades individuales propias. Durante las sesiones individuales de entrenamiento, debemos estar completamente presentes, prestando a la meditación toda nuestra atención; debemos entrenar diligentemente todos los días. Así es como podemos seguir progresando. Si queremos ser un atleta excelente, debemos entrenar nuestro cuerpo con diligencia. Si queremos ser un músico consumado, debemos practicar regularmente con nuestro instrumento. Si queremos ganar dignidad rápidamente, es crucial que nos comprometamos a entrenar y practicar de forma regular y sostenida.

Ten en cuenta que, tal y como he definido los términos previamente, «entrenamiento» se refiere a la meditación formal, mientras que «práctica» es lo que haces en cualquier otro momento en el que no estás entrenando. Tu aspiración debe ser practicar todo el tiempo, aplicando lo que has obtenido a través del entrenamiento formal en tu vida cotidiana, liberándote de cualquier dificultad que surja. Cuando te comprometes de esta manera, es fácil medir cómo progresa tu entrenamiento formal. No tiene sentido meditar si no te cambia de forma positiva. Observar cambios positivos en tu conducta y en tu actitud mental es un signo inequívoco de progreso. Estos cambios reflejan el cultivo de tu dignidad interior.

¿Qué va a impulsar estos cambios? La diligencia. Debes entrenarte diariamente, día tras día, pase lo que pase. Todos necesitamos constancia, compromiso y perseverancia para conseguir cualquier cosa en la vida, y el entrenamiento meditativo no es una excepción. De lo contrario, es fácil volver a caer en la confusión ordinaria. Cuando esto ocurre, se pierde todo progreso y debemos empezar de nuevo. A menudo vacilamos en nuestros compromisos, lo cual crea dudas y vacilaciones. Pero cuando nos comprometemos plenamente a meditar todos los días, experimentamos una tremenda sensación de libertad. Entrena cuando estés contento, entrena cuando estés triste. No importa. Simplemente entrena. Esto es diligencia.

Disciplina diaria
en el entrenamiento y la práctica

Además de la diligencia, hay que tener disciplina a la hora de entrenar y practicar la dignidad. La diligencia y la disciplina pueden parecer similares, pero hay una distinción importante. La esencia de la disciplina es aceptar la responsabilidad de todo lo que hacemos, ya sea hablar, actuar o pensar. Aceptar esta responsabilidad requiere que revisemos constantemente nuestra mente, que nos fijemos en nuestros hábitos y que cuidemos de nuestras emociones. Nuestros hábitos y emociones influyen en nuestra experiencia y en cómo nos percibimos a nosotros mismos, a los demás y al mundo. Date cuenta de que las distorsiones creadas por nuestros hábitos y emociones también surgen durante nuestras sesiones de meditación. Por ejemplo, si estamos enfadados, nuestra meditación también lo estará. Por lo tanto, debemos revisar todos los aspectos de nuestra conducta –nuestro pensamiento, nuestra forma de hablar, nuestras acciones, nuestra forma de ser– tanto sobre el cojín, como fuera de este.

El Buda enseñó disciplina dividiéndola en tres categorías: (1) no hacer daño, (2) hacer el bien y (3) domar la mente. La primera categoría, no hacer daño, significa esencialmente convertirnos en un ser humano decente. No hagas nada que pueda herir o dañar a otra persona. He visto a personas tan inmersas en la espiritualidad y en la práctica de la meditación que acaban olvidándose de las personas que son importantes para ellas. No creo que esto pueda justificarse. Es importante equilibrar la práctica espiritual con las relaciones significativas, incluidas la familia y los amigos. Y haz todo lo posible por no perjudicar a nadie de ninguna manera.

La segunda categoría de disciplina es hacer el bien. Más allá de no causar daño, nos esforzamos por beneficiar a los demás en la medida de nuestras posibilidades. Apreciamos la bondad y nos esforzamos por cultivar la generosidad, la compasión y otras cualidades positivas en nuestra práctica de la meditación. A continuación, ponemos en práctica estas cualidades para ayudar a los demás, según nuestra mejor capacidad y lo que resulta significativo en cada situación.

La tercera categoría de disciplina, domar (o transformar) tu mente, es el objetivo principal del entrenamiento de la dignidad. Si mejoras tu entrenamiento, pero no transformas tu mente, el entrenamiento ha ido mal. La duración de la sesión de meditación es menos importante que la autenticidad y sinceridad del entrenamiento y su eficacia. Recuerda que el objetivo de la meditación es dominar la mente, no la técnica. No tiene sentido convertirse en un «buen» meditador si no te vuelves más amable y gentil, y más compasivo.

Programar la jornada

Estructurar el día es importante para progresar eficazmente en el entrenamiento y la práctica de la dignidad. He aquí algunas sugerencias.

Cuando te levantes cada mañana, comprueba tu motivación y establece tu intención para el día. ¿Cómo vas a utilizar las próximas veinticuatro horas para que este día tenga sentido?

¿Cómo puedes asegurarte de que este día se aprovecha bien y no se desperdicia? Establecer tu intención al principio de cada día reafirma tu compromiso con la práctica.

Durante el día, es fundamental que realices el entrenamiento de la dignidad a una hora fija. Determina de antemano la duración de la sesión: diez minutos, veinte minutos, una hora o el tiempo que te venga bien. La sesión de formación es una oportunidad para prestarte toda tu atención a ti mismo, así que asegúrate de organizar el tiempo y el espacio en consecuencia.

Además, es importante comprobar tu conducta a lo largo del día. ¿Pones en práctica lo que sabes? ¿Cómo reaccionas cuando cometes errores? Tal vez digas: «¡Soy tan mala persona!». Será difícil progresar con esta actitud. Mejor sería algo como: «Bueno, he cometido algunos errores, pero puedo cambiar porque tengo dignidad». Si respondes a los errores de esta manera, empezarás a verte a ti mismo como verdaderamente eres, a gustarte y a aceptarte plenamente. Aceptarte plenamente no significa aceptar tus malos hábitos y tu confusión, porque eso no eres tú. Significa aceptar y abrazar tu yo genuino, tu yo digno.

Al final del día, antes de acostarte, repasa las actividades del día. Si te das cuenta de que has cometido errores, aplica los cuatro poderes explicados en el capítulo 11 para generar remordimiento y toma la resolución de no volver a cometer los mismos errores. Si has realizado buenas acciones, alégrate y dedica el mérito de estas buenas acciones al beneficio de todos los seres. Es importante irse a la cama sin remordimientos ni agitación. Recuérdate a ti mismo que eres dignidad y que nunca te has separado de ella. Vete a dormir con confianza y certeza en la dignidad que hay en tu corazón.

Tanto la formación como la práctica exigen que dejemos de pensar en nuestras preocupaciones y dificultades cotidianas para centrarnos en la comprensión de la mente y su naturaleza. Hacerlo a diario mejora nuestra experiencia de la dignidad. La clave es mantener un esfuerzo constante y decidido, sin aferrarse al resultado. El objetivo es no sentirse abatido por una práctica deficiente, ni eufórico por una práctica sólida.

Entonces nos convertimos en nuestros propios maestros y no en víctimas de las opiniones de los demás o de nuestras emociones pasajeras. En ese momento, el efecto de nuestra meditación se notará en nuestra vida diaria. Estaremos más contentos y tranquilos, y nuestras cualidades de compasión y amor brillarán de forma natural. Esta es la señal de que estamos mejorando y de que nuestra experiencia de meditación, nuestro comportamiento y nuestra visión están en armonía.

Los beneficios del retiro

Muchos de nosotros estamos constantemente ocupados con actividades. Las culturas contemporáneas suelen alabar la productividad y, como consecuencia, el trabajo tiende a invadir todos los aspectos de nuestra vida. Cuando no estamos trabajando, nuestras ocupadas formas de entretenernos pueden parecernos otra forma de trabajo. Esto se expresa en la expresión popular «Trabaja duro, juega duro». Intentemos recordar que estamos aquí para vivir, no para conseguir objetivos. Por supuesto, debemos ganarnos la vida, pero también debemos tener cuidado de no sustituir la vida por el afán de ganarnos la vida. Si aplicamos la mentalidad convencional a nuestro entrenamiento en meditación, será fácil ver la búsqueda de la dignidad como un proyecto, un trabajo o un objetivo más para alcanzar. Por supuesto, no es así. Una práctica muy beneficiosa para contrarrestar estas tendencias es retirarnos de nuestras actividades mundanas habituales.

El objetivo de un retiro es disponer de tiempo ininterrumpido para estar a solas y reconectar con nuestra verdadera naturaleza en un lugar seguro y apartado. Este tipo de retiro es desconocido para mucha gente. Una estudiante me contó una vez que estaba haciendo felizmente un retiro personal en un monasterio católico. Apareció otra participante en el retiro, pero no estaba tan contenta. Estaba desconcertada por la desoladora y sencilla configuración del monasterio: sin piscina, sin spa, sin comidas gourmet. No era en absoluto lo que ella esperaba. No sabía qué hacer. Al cabo de un día, se marchó.

Es una pena que esta persona no haya podido experimentar la magia del retiro. En el retiro, tenemos la rara oportunidad de prestarnos atención a nosotros mismos, para escuchar profundamente nuestros pensamientos internos, ver con claridad nuestros patrones habituales y reconectar con nuestra verdadera naturaleza. Disponer de tiempo para la contemplación en un entorno silencioso y sin distracciones externas es muy valioso hoy en día. Mirar hacia dentro para conocernos a nosotros mismos es una forma óptima de cultivar la dignidad; paradójicamente, también profundiza nuestra comprensión del mundo exterior y de las demás personas que lo habitan.

No es necesario que un retiro implique un aislamiento total de otras personas. Otra opción es hacer un retiro en grupo.

Esta forma de retiro ofrece la misma oportunidad de apartarnos de nuestras actividades habituales y estar con nuestro yo más profundo, el verdadero hogar de nuestra dignidad. Sea cual sea la forma que adoptemos, el retiro nos permite no tomarnos nuestros pensamientos tan en serio, lo que se traduce en no tomarnos a nosotros mismos tan en serio. Hay un dicho que dice que tendemos a ver las cosas no como son, sino como somos. En el retiro, aprendemos a ver las cosas como son, no como normalmente estamos condicionados a verlas.

No importa cuánto entrenes y practiques, lo más importante es la calidad de tu experiencia, no dónde entrenes o durante cuánto tiempo. Por lo tanto, no te preocupes demasiado si el retiro no es posible para ti en este momento. Durante tu entrenamiento y práctica diaria, hazlo poco a poco. Mejorarás lentamente, y esto está bien. Muchos de nosotros tenemos trabajo, familias que atender y facturas que pagar. Es importante mantener un equilibrio entre la práctica espiritual individual y las responsabilidades familiares. Al principio, es preferible dedicarse simplemente a entrenar la dignidad y practicar todos los días, tomándotelo con calma y gradualmente. Recuerda que incluso pequeños cambios en la mente pueden traer grandes cambios en la vida. Una vez que tu meditación sea más estable, puedes plantearte hacer un retiro corto en grupo, y luego uno más largo. Con el tiempo, quizá quieras probar con un retiro personal.

Independientemente de si se trata de una práctica diaria o de un retiro a largo plazo, la clave es tener más soledad, más tiempo para mirar hacia dentro. De ahí surge un profundo deseo de integrar la dignidad en cada situación de la vida. Recuerda que solo puedes comprender la dignidad cuando la experimentas. La dignidad es tu naturaleza; ya la tienes. Cuando puedes descansar tu mente, la dignidad está a tu alcance. Y siempre ha estado a tu alcance, aunque hayas emprendido un viaje para encontrarla. Según la enseñanza budista, solo hay una forma de alcanzarla: entrando en tu interior. El tiempo es muy valioso. No esperes a que sea demasiado tarde para conocerte a ti mismo, para conocer tu naturaleza pura, para darte cuenta de tu dignidad inherente.

Fijar tu propio rumbo

Casi todo el mundo que conozco está interesado en la dignidad, pero por razones diferentes. ¿Cuál es tu interés? ¿Simple curiosidad? ¿Buscas conocimientos intelectuales? ¿Quieres saber cómo hacer valer y proteger tus derechos humanos? Una estudiante me dijo que quería aprender sobre la dignidad porque está cansada de tener miedo. A ella, ¿le interesa una liberación temporal del miedo o una solución definitiva?

Necesitas conocer las preguntas de tu corazón antes de poder determinar la dirección y el sentido de tu vida. Antes de eso, las cosas externas parecen muy importantes. Después, cuando has obtenido una dirección clara en la vida, las cosas externas se vuelven menos interesantes. Pierden su poder para abrumarte o distraerte de tus cualidades interiores. Por regla general, cuando tenemos claro el propósito de nuestra existencia, no nos sentimos huecos en el corazón.

En el budismo, el propósito de nuestra existencia, y la razón para alcanzar la dignidad, es llegar a estar plenamente iluminados. Cuando estás iluminado, tienes la dignidad suprema; del mismo modo, alcanzar la dignidad ulterior es lo mismo que alcanzar la iluminación. En ese momento, habrás conquistado plenamente tus emociones negativas y habrás eliminado toda confusión sobre tu propia naturaleza y la naturaleza de los fenómenos. Tu amor, compasión, sabiduría y dignidad son completos. Por lo general, este nivel de realización requiere un enorme compromiso.

Solo tú puedes decidir hasta dónde quieres llegar en este viaje hacia la dignidad. Pero date cuenta que no importa cuál sea tu meta o propósito, el camino que recorras no será una línea recta. Lo vemos en el mundo físico. Cuando viajamos a tierras lejanas, puede que tengamos que cruzar valles y montañas, y navegar por ríos y desfiladeros. La disposición del terreno puede exigir que unas veces subamos y otras bajemos. El camino espiritual es similar. En este caso, estamos atravesando el terreno de la mente, y habrá muchas curvas y obstáculos que sortear. Aunque aprender de los libros puede aportar cierta comprensión y conocimiento, debemos aprender a aplicar ese conocimiento a nuestra propia experiencia inmediata. Si tienes un maestro, las enseñanzas que te imparta tu maestro serán más fáciles para ti. No obstante, recuerda que la aplicación que va de ti a ti mismo es difícil.

Tres etapas del camino hacia la dignidad

Mi abuelo solía decir que los seres sintientes son como el oro mezclado con impurezas. Nuestra naturaleza es oro puro, lo que significa que ya estamos iluminados. Pero estamos temporalmente cubiertos de polvo y suciedad. Todos podemos «reiluminarnos» y recuperar la pureza del oro. Por supuesto, para la mayoría de nosotros esto es un proceso. A modo de mapa, podemos identificar tres etapas en el camino hacia la restauración de nuestra dignidad inherente, la pureza de nuestro oro.

Al principio, puede que consideres que tú y tu dignidad sois diferentes. Esto se debe a que estás acostumbrado a identificarte con el ego. Como resultado, tu corazón es frágil. No puedes separarte de las acciones equivocadas o de los errores que cometes, por lo que te aterroriza mirarte de forma abierta y honesta. Cualquier error que cometas parece demostrar que algo va fundamentalmente mal en ti. Esta posición de partida es de gran incomodidad y dificultad, es el punto de partida que a menudo motiva el camino espiritual.

Con la práctica, tu identificación habitual con el ego empieza a aflojarse. Cuando empiezas a vislumbrar la pureza de tu naturaleza esencial, has entrado en la segunda etapa. Antes de llegar a este punto, considerabas a la dignidad como un potencial positivo que se encuentra más allá de ti mismo; pero con el primer vislumbre, piensas: «¡Quizá mi dignidad y yo no estemos tan separados después de todo!». A medida que sigues teniendo estas experiencias, al final empiezas a reconocer que realmente eres intrínsecamente digno, aunque sigas siendo emocionalmente reactivo, veloz para juzgar y, a veces, completamente burdo y vulnerable. Es un buen progreso. Pero no has desmantelado por completo la estructura del ego que te mantiene cautivo, y la pureza esencial de tu naturaleza permanece en gran medida oculta. A veces parece que tú y tu dignidad sois uno, pero, normalmente, todavía parecen estar separados. Se necesita más entrenamiento para abrazar tu naturaleza y liberarte de la paranoia del ego.

En la tercera etapa, tu práctica se ha estabilizado. Ves que tú y tu dignidad sois inseparables. Has trasladado tu identidad al núcleo de tu ser, tu naturaleza búdica. No hay nada que temer porque eres inherente e intrínsecamente puro y completo. Desde esa postura resulta más fácil observar las travesuras de tu ego imperfecto y egocéntrico. Sabes que tu ego no eres tú. Tus errores no te definen. Por lo tanto, no hay razón para sentirte mal contigo mismo, aunque sientas remordimiento por cualquier sufrimiento o confusión que hayas creado para ti o para los demás. Sabes que puedes cambiar tu comportamiento para alinearte con tu naturaleza.

En pocas palabras, la dignidad es la certeza de quién eres realmente. Las enseñanzas budistas sobre la dignidad nos muestran cómo cambiar nuestro sentido de identidad fundamental, de los estrechos confines de un yo constrictivo, a las amplias extensiones de la naturaleza búdica sin ataduras. En otras palabras, ahora abrazamos plenamente y nos identificamos con la esencia perfecta y completa en el núcleo de toda existencia sensible. Esto nos incluye a ti, a mí y a todos los demás. Por lo tanto, aunque te entrenes para verte a ti mismo, y no a alguien o algo más, una vez que te ves a ti mismo, también comprendes el mundo que te rodea. La dignidad es la sensación de certeza y confianza que surge cuando reconocemos la pureza fundamental de nuestra naturaleza, más allá de cualquier sentido de identidad personal.

He tenido la suerte de crecer en una familia y una comunidad de practicantes dedicados que comparten el objetivo vital

de alcanzar la iluminación, un objetivo motivado por el sincero deseo de guiar también a los demás hacia la iluminación.
Empezando por el Buda, muchos maestros del pasado y del
presente han señalado el potencial inherente que cada uno de
nosotros tiene y cómo podemos actualizarlo. Nos ven puros y
completos; su bondad, respeto y paciencia nos convencen de
que es posible cambiar, mejorar y llegar a ser como ellos. Es
posible ser sinceros, relajados y conscientes en todas las situaciones de la vida. Es posible aceptar y apreciar lo que somos.
Es posible estar alegre y en paz.

Cuando nuestra dignidad intrínseca se actualiza plenamente,
podemos sentirnos a gusto en el mundo y beneficiar verdaderamente a los demás. Pero debemos recordar que los maestros no
pueden hacer el trabajo por nosotros. Nos corresponde a nosotros
recorrer el camino y experimentar lo que ellos han experimentado. Ellos lo han hecho. Nosotros también podemos hacerlo

Los grandes maestros que hemos conocido en el mundo nos
permiten ver a nuestro maestro definitivo: nuestra sabiduría y
dignidad innata. Uno de esos maestros externos fue Marpa,
un gran maestro y traductor budista tibetano del siglo XI. Sin
discriminación alguna y con total ecuanimidad, Marpa aspiraba
a que todo aquel que practicara fuera mejor que él, es decir, que
superara su propio nivel de realización. Siempre me he sentido
inspirado por esta aspiración, y la he convertido en el anhelo
que me ha guiado a escribir este libro. Con este pensamiento,
aquí tienes mi más profundo anhelo para ti:

*Que cultives plenamente la dignidad, que te des cuenta de
tu verdadera naturaleza y llegues a ser mejor de lo que yo
mismo soy.*

Ejercicios de formación en la dignidad

Sobre los autores

PHAKCHOK RIMPOCHÉ es un maestro popular venerado, con un estilo que es a la vez único, dinámico y atractivo. Nacido en 1981 en Katmandú (Nepal), Rimpoché fue reconocido poco después de nacer –a la temprana edad de un año– como el séptimo Phakchok Rimpoché, la reencarnación de un gran maestro de meditación. Completó su educación budista tibetana a los veintitrés años y, desde entonces, ha enseñado filosofía, teoría y práctica budista, en centros y universidades de todo el mundo. También dirige varios monasterios y centros de práctica en Asia, Norteamérica y Sudamérica. La aguda visión de Rimpoché de la cultura global contemporánea hace que sus enseñanzas sean inusualmente accesibles y cercanas a nuestras vidas y preocupaciones cotidianas. Trabaja diligentemente para preservar la erudición budista a través de la administración de Lhasey Lotsawa Translations and Publications (cofundada con su padre, Tsikey Chokling Rimpoché) y supervisa proyectos humanitarios que incluyen la gestión de una clínica sanitaria gratuita, la educación de monjes y la ayuda de emergencia a víctimas de desastres naturales.

SOPHIE (SHU-CHIN), es doctora en historia intelectual China por la Universidad de Wisconsin-Madison, enseña historia y filosofía asiáticas, incluido el budismo, como profesora asociada en el Agnes Scott College. Su investigación académica actual se centra en el cine independiente chino y tibetano, y en la educación contemplativa. Estudiante de budismo desde hace mucho tiempo, Sophie es miembro de la junta directiva e instructora de meditación de la organización de Phakchok Rimpoché. Vive en Atlanta, con su marido. En su (imaginario) tiempo libre, Sophie disfruta con el café molido en casa, las excursiones por la naturaleza y los viajes.

Para más información sobre los actos y actividades de Awakening Dignity, visite www.awakeningdignity.org.

Notas

1. Lhasey Lotsawa Translations and Publications, trad. *The Noble Wisdom of the Time of Death Sūtra and Commentaries by Prajñāsamudra and Śāntideva* (Katmandú, Nepal: Lhasey Lotsawa Translations and Publications, 2015), 7.

2. Antoine de Saint Exupéry, *The Little Prince*, trad. Katherine Woods (San Diego: Harcourt Brace Jovanovich, 1971), 87. [edición castellana: *El principito*, trad. Bonifacio del Carril (Madrid: Salamandra, 2008)]

3. Ruth Macklin, «Dignity Is a Useless Concept», *British Medical Journal* 327 (20 de diciembre de 2003), 1419–20.

4. Martin Luther King Jr., «What Is Your Life's Blueprint?» (discurso, Barratt Junior High School, Philadelphia, PA, 26 de octubre de 1967), https://projects.seattletimes.com/mlk/words-blueprint.html.

5. Citado en Michael Rosen, Dignity: *Its History and Meaning* (Cambridge, MA: Harvard University Press, 2012), 2.

6. Tulku Urgyen Rinpoche, *Blazing Splendor: The Memoirs of the Dzogchen Yogi Tulku Urgyen Rinpoche*, as told to Erik Pema Kunsang y Marcia Binder Schmidt (Katmandú: Rangjung Yeshe Publications, 2005), xxi.

7. Śāntideva, *Bodhicaryāvatāra: An Introduction to the Bodhisattva's Way of Life*, trad. Adam Pearcey (Lotsawa House, 2007), capítulo 3, www.lotsawahouse.org/indian-masters/shantideva/bodhicharyavatara-3.

8. Longchenpa, *Finding Rest in the Nature of the Mind*, trad. Padmakara Translation Group (Boulder, CO: Shambhala, 2017), 206.

9. Thinley Norbu, *White Sail: Crossing the Waves of Ocean Mind to the Serene Continent of the Triple Gems* (Boston: Shambhala, 2001), 78–79.

10. Chökyi Drakpa, «A Torch for the Path to Omniscience», trad. Adam Pearcey (Lotsawa House, 2000: revisado 2021), www.lotsawahouse. org/tibetan-masters/chokyi-drakpa/a-torch-for-the-path.

11. Khenchen Palden Sherab Rinpoche y Khenpo Tsewang Dongyal Rinpoche, *The Buddhist Path: A Practical Guide from the Nyingma Tradition of Tibetan Buddhism*, ed. Ann Helm and Michael White (Ithaca, NY: Snow Lion, 2010), 28.

12. Gampopa, *The Jewel Ornament of Liberation*, ed. Ani K. Trinlay Chödron, trad. Khenpo Konchog Gyaltsen Rinpoche (Boston: Snow Lion, 1998), 159.

13. Chögyam Trungpa, *The Myth of Freedom and the Way of Meditation* (Boston: Shambhala, 1988), 104. [versión castellana: *El mito de la libertad,* trad. Ricardo Gravel (Barcelona: Editorial Kairós, 1998)].

14. David Edmonds, «The Science of Addiction: Do You Always Like the Things You Want?», *BBC*, 12 de diciembre de 2020, www.bbc. com/news/stories-55221825.

15. Dudjom Rinpoche, «A Prayer to Recognize My Own Faults and Keep in Mind the Objects of Refuge», trad. Bhakha Tulku and Constance Wilkinson (Lotsawa House, 1989), www.lotsawahouse.org /tibetan-masters/dudjom-rinpoche/prayer-to-recognize-own-faults.

16. Thich Nhat Hanh, *Being Peace* (Berkeley, CA: Parallax Press, 2005), 69.

17. Thomas Byrom, trad., «Dhammapada», en *Teachings of the Buddha*, ed. Jack Kornfield (Boston: Shambhala, 1996), 4.

18. The Dzogchen Ponlop Rinpoche, «Entering the Trainings in Compas-

sion», en Jamgon Kongtrul et al., *Trainings in Compassion: Manuals on the Meditation of Avalokiteshvara*, trad. Tyler Dewar (Ithaca, NY: Snow Lion, 2004), 21.

19. His Holiness the Dalai Lama, *In My Own Words: An Introduction to My Teachings and Philosophy*, ed. Rajiv Mehrotra (Carlsbad, CA: Hay House, 2008), 15.

20. Dzigar Kongtrul Rinpoche, *Uncommon Happiness* (Katmandú: Rangjung Yeshe Publications, 2009), 94.

21. Chandrakirti, *Introduction to the Middle Way: Chandrakirti's «Madhyamakavatara» with Commentary by Jamgön Mipham*, trad. Padmakara Translation Group (Boston: Shambhala, 2002), 59.

22. Nicholas Wade, «Your Body Is Younger Than You Think», *New York Times*, 2 de agosto de 2005, www.nytimes.com/2005/08/02 /science/ your-body-is-younger-than-you-think.html.

23. Elizabeth Bernstein, «A Tiny Pronoun Says a Lot about You», *Wall Street Journal*, 7 de octubre de 2013, www.wsj.com/articles/SB100 01424052702304626104579121371885556170.

24. Khenpo Tsultrim Gyamtso Rinpoche, *Progressive Stages of Meditation on Emptiness*, trad. Shenpen Hookham (Auckland, Nueva Zelanda: Zhyisil Chokyi Ghatsal Publications, 2001), 11.

25. Citado en Matthieu Ricard, *Altruism: The Power of Compassion to Change Yourself and the World*, trad. Charlotte Mandell y Sam Gordon (Nueva York: Little, Brown, 2013), xi.

26. Chökyi Nyima Rinpoche y David R. Shlim, *Medicine and Compassion* (Boston: Wisdom Publications, 2015).

27. Beth A. Lown, Julie Rosen, y John Marttila, «An Agenda for Improving Compassionate Care: A Survey Shows about Half of Patients Say Such Care Is Missing», *Health Affairs* 30, n.º 9 (septiembre de 2011): 1772–78.

28. Daniel Goleman y Richard J. Davidson, *Altered Traits* (Nueva York: Avery, 2017).

29. Sharon Begley, *Train Your Mind, Change Your Brain* (Nueva York: Ballantine Books, 2007), 212–42.

30. Marianne Spoon, «Training Your Compassion 'Muscle' May Boost Brain's Resilience to Others' Suffering», University of Wisconsin–Madison News, 22 de mayo de 2018, https://centerhealthyminds.org /news/training-your-compassion-muscle-may-boost-brains -resilience-in-the-face-of-suffering.

31. Thich Nhat Hanh, *Being Peace*, 81.

32. Sue-Sue Tâm Bảo Đàn, *The Lama of Many Lifetimes: Touching the Living Heart of Garchen Rinpoche. Book Two: Perfection of Liberation (1958–1980)* (Irvine, CA: Milam Bardo Publications, 2019), 228.

33. Sue-Sue Tâm Bảo Đàn, *Lama of Many Lifetimes*, 228.

34. Shantideva, *The Way of the Bodhisattva: A Translation of the Bodhicharyavatara*, trad. Padmakara Translation Group (Boston: Shambhala, 1997), 128.

35. Khenchen Thrangu, *Luminous Clarity* (Boulder, CO: Snow Lion, 2016), 79.

36. Toni Morrison, «The Truest Eye», entrevista por Pam Houston, *O. The Oprah Magazine*, noviembre de 2003, p. 4, www.oprah.com /omagazine/toni-morrison-talks-love/4.

37. The Third Dzogchen Rinpoche, *Great Perfection, vol. 2, Separation and Breakthrough*, trad. Cortland Dahl (Ithaca, NY: Snow Lion, 2008), 180.

38. Sushila Blackman, ed., *Graceful Exits: How Great Beings Die* (Nueva York: Weatherhill, 1997), 62.

39. Sushila Blackman, ed., *Graceful Exits: How Great Beings Die* (Nueva York: Weatherhill, 1997), 62.

40. *The Noble Wisdom of the Time of Death Sūtra and Commentaries by Prajñāsamudra and Śāntideva*, 3–7.

41. *The Noble Wisdom of the Time of Death Sūtra and Commentaries by Prajñāsamudra and Śāntideva*, 5.

42. *The Noble Wisdom of the Time of Death Sūtra and Commentaries by Prajñāsamudra and Śāntideva*, 5.

43. *The Noble Wisdom of the Time of Death Sūtra and Commentaries by Prajñāsamudra and Śāntideva*, 5-7.

44. *The Noble Wisdom of the Time of Death Sūtra and Commentaries by Prajñāsamudra and Śāntideva*, 7.

45. *The Noble Wisdom of the Time of Death Sūtra and Commentaries by Prajñāsamudra and Śāntideva*, 7.

46. Dilgo Khyentse Rinpoche, *The Heart Treasure of the Enlightened Ones: The Practice of View, Meditation, and Action* (Boston: Shambhala, 1993), 157.

47. Chokgyur Lingpa, «Advice in Brief», en *The Essential Amrita of Profound Meaning: Oral Instructions and Practical Advice Bestowed upon Fortunate Followers, Eye-Opener to What Is to Be Adopted and Abandoned*. https://www.lhaseylotsawa.org/library/advice-in-brief-eng.

48. Dudjom Rinpoche, *Wisdom Nectar: Dudjom Rinpoché's Heart Advice*, trad. Ron Garry (Boulder, CO: Snow Lion, 2005), 80.

49. Matthieu Ricard, *Enlightened Vagabond: The Life and Teachings of Patrul Rinpoche* (Boulder, CO: Shambhala, 2017), 151.

editorial Kairós

Puede recibir información sobre
nuestros libros y colecciones inscribiéndose en:

www.editorialkairos.com
www.editorialkairos.com/newsletter.html

Numancia, 117-121 • 08029 Barcelona • España
tel. +34 934 949 490 • info@editorialkairos.com